Dinheiro rápido para estudantes universitários

QUICK MONEY FOR COLLEGE STUDENTS

Por: D.K. Hawkins
Série "Dinheiro Rápido"
Versão 1.1 ~Janeiro 2023
Publicado por D.K. Hawkins no KDP
Copyright ©2023 por D.K. Hawkins. Todos os direitos reservados.

Nenhuma parte desta publicação pode ser reproduzida, distribuída ou transmitida sob qualquer forma ou por qualquer meio, incluindo fotocópia, gravação ou outros métodos electrónicos ou mecânicos, ou por qualquer sistema de armazenamento ou recuperação de informação sem a prévia autorização escrita dos editores, excepto no caso de citações muito breves incorporadas em revisões críticas e certos outros usos não comerciais permitidos pela lei de direitos de autor.

Todos os direitos reservados, incluindo o direito de reprodução no todo ou em parte, sob qualquer forma.

Todas as informações contidas neste livro foram cuidadosamente pesquisadas e verificadas quanto à sua exactidão factual. Contudo, o autor e a editora não dão qualquer garantia, expressa ou implícita, de que a informação aqui contida é apropriada para cada indivíduo, situação ou finalidade e não assumem qualquer responsabilidade por erros ou omissões.

O leitor assume o risco e total responsabilidade por todas as acções. O autor não será considerado responsável por qualquer perda ou dano, seja consequente, incidental, especial ou não, que possa resultar da informação apresentada neste livro.

Todas as imagens são gratuitas para utilização ou adquiridas em sítios de fotografia de stock ou livres de royalties para utilização comercial. Confiei nas minhas próprias observações bem como em muitas fontes diferentes para este livro, e fiz o meu melhor para verificar os factos e dar crédito onde ele é devido. No caso de qualquer material ser utilizado sem a devida permissão, por favor contacte-me para que a omissão possa ser corrigida.

A informação fornecida neste livro é apenas para fins informativos e não pretende ser uma fonte de aconselhamento ou análise de crédito no que respeita ao material apresentado. As informações e/ou documentos contidos neste livro não constituem aconselhamento jurídico ou financeiro e nunca devem ser utilizados sem primeiro consultar um profissional financeiro para determinar o que pode ser melhor para as suas necessidades individuais.

A editora e o autor não fazem qualquer garantia ou outra promessa quanto a quaisquer resultados que possam ser obtidos com a utilização do conteúdo deste livro. Nunca deverá tomar qualquer decisão de investimento sem primeiro consultar o seu próprio consultor financeiro e realizar as suas próprias pesquisas e diligências. Na medida máxima permitida por lei, a editora e o autor declaram toda e qualquer responsabilidade no caso de quaisquer informações, comentários, análises, opiniões, conselhos e/ou recomendações contidas neste livro se revelarem inexactas, incompletas, ou não fiáveis ou resultarem em qualquer investimento ou outras perdas.

O conteúdo contido ou disponibilizado através deste livro não se destina e não constitui aconselhamento jurídico ou de investimento, e não é formada qualquer relação advogado-cliente. A editora e o autor fornecem este livro e o seu conteúdo numa base de "tal como está". A sua utilização das informações contidas neste livro é por sua conta e risco.

ÍNDICE.

ÍNDICE. 3

INTRODUÇÃO. 5

CAPÍTULO 1: FORMAS DE GANHAR DINHEIRO RÁPIDO. 9

1. VENDER ARTIGOS EM LINHA EM SITES COMO EBAY. 9

2. DAR EXPLICAÇÕES NUM ASSUNTO EM QUE SE DESTAQUE ... 13

3. VENDER ARTESANATO OU PRODUTOS ARTESANAIS EM PLATAFORMAS ETSY OU SIMILARES. 17

4. ALUGUE OS SEUS LIVROS ESCOLARES A OUTROS ESTUDANTES. 21

5. SUCESSÕES EBAY. 24

6. OFERECER SERVIÇOS DE GUARDA DE ANIMAIS OU DE PASSEIO DE CÃES. 28

7. FAZER BISCATES PARA AS PESSOAS DA SUA COMUNIDADE .. 31

8. ALUGUER DE UM QUARTO OU PROPRIEDADE NA AIRBNB. .. 35

9. PRESTAR SERVIÇOS DE FREELANCE. 43

10. PARTICIPAR EM GRUPOS FOCAIS OU INQUÉRITOS PAGOS. 47

11. VENDER AS SUAS FOTOGRAFIAS EM SITES DE FOTOGRAFIA DE STOCK. 53

12. ASSISTENTE PESSOAL OU UM CORREDOR DE RECADOS. 57

13. ALUGUE O SEU CARRO. 60

14. PARTICIPAR EM ESTUDOS CLÍNICOS OU ENSAIOS MÉDICOS. 64

15. SERVIÇOS DE ASSISTENTE VIRTUAL. 69

16. VENDER A SUA ROUPA USADA OU ACESSÓRIOS. 72

17. VENDER AS SUAS CAPACIDADES DE TUTORIA OU DE ENSINO EM WEBSITES. 75

18. ESCRITOR OU EDITOR FREELANCE. 78

19. OPORTUNIDADES PAGAS EM LINHA E MODELAGEM. 81

20. MARKETING DE ARTIGOS. 84

21. SITES DE MICRO EMPREGOS. 88

22. PROGRAMAS DE AFILIAÇÃO. 93

23. GOOGLE ADSENSE. 98

24. TRANSCRITIVISTAS DOMICILIÁRIOS. 102

25. BARTENDING. 105

26. PARTICIPAÇÃO EM ESTÁGIOS OU APRENDIZAGENS REMUNERADOS. 108

27. EMPREGOS FREELANCE E DE ECONOMIA GIGANTE. 115

CAPÍTULO 2: PASSOS PARA COMEÇAR A GANHAR DINHEIRO RÁPIDO. 121

CONCLUSÃO. 128

INTRODUÇÃO.

É um estudante universitário que procura melhorar a sua vida ganhando dinheiro rapidamente? Não te censuro, meu amigo, porque compreendo como os anos universitários podem ser financeiramente difíceis. Podes parar de te preocupar agora porque eu explicarei como os estudantes universitários podem ganhar dinheiro rápido sem interferir com a sua educação.

Se está de alguma forma familiarizado com a Internet, como tenho a certeza que está, encontrou sem dúvida inúmeros anúncios de oportunidades de fazer dinheiro online. Infelizmente, a maioria destes são esquemas fraudulentos concebidos para roubar o vosso dinheiro.

Como certamente já sabe, se alguém lhe garante que pode ganhar dezenas de milhares de dólares sem fazer qualquer trabalho, está a tentar defraudá-lo. Contudo, existem formas legítimas de ganhar dinheiro rápido sem trabalhar a tempo inteiro.

Como presumivelmente já sabe, milhares de organizações, desde grandes empresas a pequenas empresas, anunciam na Internet. Estas empresas têm todo o prazer em compensar os indivíduos que as ajudam com os seus esforços publicitários.

Por conseguinte, terá de fazer um pequeno esforço para ganhar este dinheiro rápido, mas é uma tarefa relativamente fácil que não exige muito do seu tempo.

Gostaria de ter tido conhecimento desta oportunidade de fazer dinheiro na faculdade; teria feito uma grande diferença durante os meus anos de educação. Se estiver interessado nesta abordagem simples de ganhar dinheiro extra, naturalmente que vai querer identificar as empresas mais bem pagas. Há apenas uma resposta, que deve obter.

Como estudante universitário, pode ocasionalmente dar por si a precisar de mais fundos.

Há muitas opções para os estudantes universitários gerarem dinheiro rapidamente, quer precisem de pagar livros escolares, aluguer, ou simplesmente desejem um pouco mais de dinheiro para gastar. Este livro examina diferentes oportunidades para estudantes universitários que procuram rendimentos extra. Irei discutir muitas formas eficientes de ganhar dinheiro, desde empregos a tempo parcial no campus até trabalhos freelance e shows de economia gig.

Uma coisa a lembrar é que nem todos encontrarão estas soluções adequadas ou acessíveis. Algumas podem necessitar de conhecimentos especializados ou experiência, enquanto outras podem ser acessíveis exclusivamente em regiões específicas. Antes de se comprometerem com uma oportunidade, é essencial avaliar exaustivamente os seus riscos e recompensas potenciais.

Com isso em mente, vamos examinar muitas oportunidades rápidas de fazer dinheiro para os estudantes universitários.

Espero que este recurso forneça informações e ideias úteis enquanto investiga as suas possibilidades de ganhar dinheiro extra.

Leitura Feliz.

CAPÍTULO 1: FORMAS DE GANHAR DINHEIRO RÁPIDO.

1. VENDER ARTIGOS EM LINHA EM SITES COMO EBAY.

Como estudante universitário, pode vender coisas em mercados online como o eBay ou Poshmark para ganhar dinheiro rápido. Esta é uma excelente alternativa para estudantes com roupa pouco usada, acessórios e outros bens que já não necessitam ou utilizam. Pode atingir uma audiência enorme e gerar um lucro substancial, listando estas coisas num mercado da Internet.

Para começar, deve registar uma conta de vendedor na plataforma que escolheu. Este procedimento exige normalmente que forneça informações pessoais, tais como o seu nome e informações de contacto. Deve também estabelecer um mecanismo de pagamento, tal como uma conta PayPal, para recolher pagamentos dos compradores.

Uma vez criada a sua conta, poderá então começar a listar itens para venda. Deve ter o cuidado de tirar imagens das suas coisas que estejam bem iluminadas e bem iluminadas e de fornecer descrições precisas e descritivas. Inclua as suas opções preferidas de pagamento e envio e quaisquer políticas de reembolso ou troca.

Fornecer de forma consistente um serviço superior ao cliente é essencial para o seu sucesso como fornecedor on-line. Isto inclui responder rapidamente a pedidos de informação, ser honesto e transparente sobre as suas políticas, e cumprir quaisquer promessas feitas aos clientes.

Além disso, deve estar disposto a ir além e acima para garantir que os seus consumidores estejam satisfeitos com as suas compras. Isto pode incluir o fornecimento de mais informações sobre o artigo e novas fotografias ou a resposta a quaisquer perguntas dos compradores.

Para além de vender coisas que já não quer ou precisa, pode também explorar a compra de artigos em lojas de parcimónia, vendas em garagens, e outras fontes. Assegure-se de que realiza a pesquisa adequada e só adquire produtos em boa forma e susceptíveis de vender bem. Esta é uma excelente abordagem para encontrar produtos raros ou difíceis de encontrar para revender com lucro.

Também pode melhorar as suas vendas num mercado online, optimizando as suas listas para motores de busca. Isto implica a incorporação de palavras-chave importantes nos seus títulos, descrições, etiquetas e categorias. Considere a utilização de hashtags relevantes nos meios de comunicação social para publicitar as suas listagens e atrair potenciais compradores.

Vender produtos online como eBay ou Poshmark pode ser uma excelente opção para estudantes universitários para obterem dinheiro rápido. Pode converter os seus produtos gentilmente utilizados num negócio secundário lucrativo, fornecendo continuamente um serviço excepcional ao cliente e optimizando as suas listagens para pesquisa.

Quer venda coisas que já não precisa ou utilize ou encontre artigos para revender, os estudantes universitários que desejam ganhar dinheiro rápido através de vendas pela Internet têm muitas opções. Por conseguinte, é uma excelente opção para estudantes universitários.

2. DAR EXPLICAÇÕES NUM ASSUNTO EM QUE SE DESTAQUE.

Como estudante universitário, pode destacar-se em algumas disciplinas enquanto procura métodos para ganhar dinheiro extra. Pode considerar oferecer serviços de tutoria numa disciplina em que se sobressaia.

A tutoria pode ser uma forma rápida de ganhar dinheiro rapidamente, particularmente se compreender profundamente uma disciplina e a puder expressar e ensinar bem. Há muitas formas de oferecer serviços de tutoria, e pode personalizar a sua abordagem às suas necessidades e objectivos específicos.

Aqui estão algumas sugestões para iniciar uma carreira de tutor:

Determine os seus pontos fortes: em que disciplinas se distingue? Existem certos temas dentro destas disciplinas em que se sente muito confiante? Identificar os seus pontos fortes pode ajudá-lo a concentrar-se nas disciplinas em que pode fornecer o maior valor como tutor.

Informe-se sobre a sua disponibilidade: Considere a quantidade de tempo que pode dedicar à tutoria. Está disponível para dar aulas de reforço algumas horas por semana, ou prefere dedicar-se a sessões intensivas? Determinar a sua disponibilidade permitir-lhe-á estruturar os seus serviços de tutoria da forma mais vantajosa.

Defina as suas tarifas: Determine o montante que deseja cobrar pelas sessões de tutoria. Lembre-se de que deve cobrar o suficiente para cobrir o seu tempo e trabalho enquanto se mantém competitivo com outros tutores locais. Deve também considerar a possibilidade de oferecer descontos a longo prazo ou a clientes que regressam.

Existem diferentes métodos para promover os seus serviços de tutoria. Pode fazer publicidade nas redes sociais, distribuir folhetos no campus, ou contactar estudantes via e-mail ou pessoalmente. Considere aderir a uma plataforma de tutoria, tal como TutorMe ou Skooli, que o pode ajudar a ligar-se a potenciais clientes.

A chave para gerir um negócio de tutoria de sucesso é desenvolver boas relações com os seus clientes. Seja acessível, cortês, e profissional, e ouça as necessidades e objectivos do seu cliente. Estabelecer um bom relacionamento com os seus clientes pode fazê-los sentir-se mais à vontade e confiantes na sua aprendizagem, conduzindo a melhores resultados e maior felicidade.

Em geral, a prestação de serviços de tutoria numa matéria em que se distingue pode ser uma excelente opção para que os estudantes universitários ganhem rapidamente dinheiro. Ao reconhecer os seus pontos fortes, definir a sua disponibilidade, fixar os seus preços, divulgar os seus serviços e estabelecer um sólido relacionamento com os seus clientes, pode construir um negócio de tutoria de sucesso que o ajude a atingir os seus objectivos financeiros. Portanto, esta é uma excelente abordagem para que os estudantes universitários ganhem dinheiro.

3. VENDER ARTESANATO OU PRODUTOS ARTESANAIS EM PLATAFORMAS ETSY OU SIMILARES.

Vender artesanato ou produtos artesanais em Etsy ou outros sites semelhantes pode ser um óptimo método para os estudantes universitários ganharem dinheiro rapidamente. Além de lhe permitir utilizar as suas capacidades criativas, pode também estabelecer as suas horas e trabalhar à sua velocidade.

Antes de iniciar um negócio, é essencial conduzir uma investigação e fazer um plano. Aqui estão algumas sugestões para o ajudar a começar:

Escolha a sua especialidade: Determine o tipo de artigos feitos à mão ou produtos que deseja oferecer. Escolha um nicho em que esteja entusiasmado e tenha experiência. Pode ser joalharia, decoração doméstica, vestuário, ou mesmo papelaria.

Determine o seu mercado-alvo: a quem pretende vender o seu artesanato ou produtos? Considere idade, sexo, geografia, e hobbies ao identificar o seu mercado-alvo.

Defina os seus preços: Determine o preço do seu artesanato ou produtos com base no tempo e materiais necessários para os fabricar e na procura do mercado.

Desenvolva uma marca: Seleccione um nome e desenhe um logótipo para a sua empresa. Considere a imagem que pretende transmitir e a forma como os seus clientes o percebem.

Crie uma conta de vendedor no Etsy ou numa plataforma equivalente e monte a sua loja. É necessário criar um perfil, adicionar produtos e preços, e seleccionar opções de pagamento e envio.

Tirar fotografias de alta qualidade é essencial para vender o seu artesanato ou produtos online. Utilize iluminação natural e um fundo básico e se o seu orçamento o permitir, considere contratar um fotógrafo profissional.

Use linguagem descritiva para chamar a atenção de potenciais compradores e destacar as qualidades únicas dos seus artesanatos ou produtos quando escrever descrições de produtos.

Prestar um serviço excepcional ao cliente: Responder imediatamente a pedidos de informação e estar pronto a percorrer a milha extra para garantir a satisfação do cliente. Isto pode ajudar a estabelecer a confiança e lealdade do cliente.

Utilizar o e-mail marketing, as redes sociais, e outras tácticas de marketing para adquirir novos clientes e promover a sua empresa.

Continue a estudar: Continue a desenvolver-se como empresário enquanto se mantém a par das tendências de nicho. Isto pode ajudar a sua empresa a manter-se competitiva e a continuar a desenvolver-se.

Vender artesanato artesanal ou produtos em plataformas Etsy ou similares pode ser um método gratificante e lucrativo para os estudantes universitários ganharem dinheiro extra rapidamente. Pode transformar a sua paixão num negócio lucrativo com a mentalidade e as técnicas apropriadas.

4. ALUGUE OS SEUS LIVROS ESCOLARES A OUTROS ESTUDANTES.

Como estudante universitário, sabe como os manuais escolares podem ser dispendiosos. Devido às propinas, ao aluguer, e a outras taxas, pode ser difícil pagar os materiais de curso necessários. É aqui que entra em jogo o aluguer de livros escolares a outros estudantes. Não só pode ajudá-lo a ganhar um pouco mais de dinheiro, como também pode ajudar os estudantes a tentar pagar livros escolares caros.

Como pode alugar os seus livros escolares a outros estudantes? Aqui estão alguns passos para o ajudar a começar:

Recolham os vossos livros: Faça um balanço de todos os textos dos semestres anteriores e das aulas em curso. Crie uma lista dos títulos, autores e números de edição para fácil referência ao alugar os livros.

Uma das componentes mais essenciais para alugar os livros é determinar o preço do aluguer. Comece por pesquisar o valor actual de mercado dos seus livros didácticos para determinar o seu valor. Pode também comparar os preços na livraria da sua escola ou em sítios como a Amazon e a eBay. Lembre-se que vai querer oferecer preços que não sejam apenas competitivos mas também lucrativos.

Depois de ter determinado o preço que deseja cobrar pelos seus livros escolares, é altura de fazer uma listagem. Muitos websites e plataformas são dedicados ao aluguer de livros escolares, tais como TextbookRush e CampusBookRentals. Basta registar-se, listar os seus livros escolares e escolher o preço do aluguer. Inclua detalhes completos sobre o estado dos seus livros escolares e quaisquer comentários ou destaque que os acompanhem.

Assim que as vossas listagens estiverem em directo, é altura de começar a comercializá-las a outros estudantes. Pode fazê-lo utilizando meios de comunicação social, brochuras do campus, ou simplesmente alertando os seus pares e conhecidos sobre os seus serviços de aluguer. Quanto maior for o número de indivíduos conscientes dos seus alugueres, maior é a probabilidade de localizar os inquilinos.

É essencial gerir eficazmente o processo de aluguer depois de localizar um inquilino. Assegure-se de que os seus inquilinos conhecem as condições de aluguer, incluindo a data de vencimento e quaisquer multas atrasadas. Também pode querer considerar a utilização de um contrato de aluguer para descrever explicitamente as condições de aluguer e proteger-se de potenciais problemas.

Alugar os seus livros escolares a outros estudantes é uma forma fantástica de ganhar dinheiro extra enquanto ajuda os seus amigos. Com um pouco de esforço e organização, pode rapidamente transformar os seus livros escolares não utilizados num negócio lateral lucrativo.

5. SUCESSÕES EBAY.

O eBay é sem dúvida o maior mercado, com mais de 212 milhões de utilizadores registados e 19 milhões de artigos para venda em qualquer altura. Encontre um objecto intrigante, liste-o para venda com um preço inicial e veja a magia a desenrolar-se.

Em apenas dois dias, poderá estar a colher enormes benefícios. Portanto, o eBay é uma das melhores opções para os estudantes universitários gerarem rendimentos. Qualquer estudante pode estar bem encaminhado para um rendimento a tempo parcial ou mesmo a tempo inteiro, com apenas alguns passos e o nível adequado de persistência.

Alguém vai ter algum lixo precioso espalhado por aí. Antes de ficar demasiado entusiasmado, deve primeiro adquirir um produto. Se estiver na faculdade, tem acesso a muitos recursos gratuitos. Qualquer estudante universitário está sempre ansioso por ganhar dinheiro rápido, por isso examine os quadros de mensagens dos estudantes e informe-se localmente. Tente colocar anúncios na Craigslist ou no MySpace; estes sites são excelentes para localizar coisas indesejadas.

Se utilizar o envio de drop shipping, esforce-se por limitar os seus custos gerais. Além disso, pode investigar vendas em garagens, lojas de parcimónia, e até mesmo vendas de rummage em igrejas e, se estiver em dificuldades, considere websites como Overstock.com (um website de descontos) e Doba.com (um website de entregas por atacado). Estes sites cobram taxas extremamente elevadas pelos seus serviços, o que torna extremamente difícil gerar lucro.

A seguir, deve criar uma conta de vendedor do eBay. O eBay exige que crie uma conta de comprador e uma conta de vendedor para vender. Introduza as informações pessoais necessárias, um endereço de e-mail válido, e um número de cartão de crédito ou conta bancária para validar a sua identificação, e estará concluído.

Deve registar uma conta PayPal, mesmo que possa seleccionar o seu método de pagamento. É a principal forma de pagamento no eBay. Assim que a sua conta estiver preparada, poderá começar.

A maioria dos vendedores do eBay descreveram a listagem de produtos como uma arte e uma ciência. Aqueles já familiarizados com HTML para sites como o MySpace acharão simples a criação de anúncios. No entanto, se não estiver familiarizado com a codificação, o eBay fornece um editor de HTML simples de usar. Em vez de confiar nos serviços actualizados do eBay, recomendo a utilização do máximo de HTML possível para melhorar o apelo visual do seu anúncio.

Os serviços do eBay são úteis para o item certo, mas podem ser adicionados ao longo do tempo. Tente carregar as suas imagens para um website gratuito de alojamento de imagens, tal como imageshack.us ou freeimagehosting.net, e inclua o link no seu HTML. Isto permitir-lhe-á utilizar muitas imagens sem comprar um pacote de imagens dispendioso do eBay.

Os passos finais incluem a introdução dos termos de preços, condições de envio e duração do leilão. Não se desanime se não houver licitantes nos primeiros dias; a maioria dos licitantes gosta de colocar as suas ofertas nas últimas 24 horas. Tipicamente, este período é agitado, por isso tente adoçar a transacção com outros incentivos. Simplesmente relaxe e deixe que os clientes venham até si.

6. OFERECER SERVIÇOS DE GUARDA DE ANIMAIS OU DE PASSEIO DE CÃES.

Se adora passar tempo com animais e está à procura de uma forma simples de ganhar dinheiro rápido, a guarda de animais e o passear de cães pode ser a sua ocupação ideal. Especialmente em áreas metropolitanas onde as pessoas podem não ter tempo ou habilidade para exercitar rotineiramente os seus animais de estimação, estes serviços têm uma procura considerável. Aqui estão algumas sugestões para lançar um negócio de guarda de animais de estimação ou de passear cães:

Visar profissionais ocupados que precisam de alguém para passear o seu cão durante o dia? Ou deseja proporcionar aos donos de animais de estimação de férias cuidados nocturnos? Conhecer o seu mercado-alvo permite-lhe concentrar os seus esforços de marketing e definir os seus preços.

Fixe os seus preços: Determine o preço que irá cobrar pelos seus serviços. Considere a sua experiência, o número de criaturas que irá cuidar, e a duração do seu tempo com elas. Considere o seu próprio tempo e despesas, tais como custos de transporte.

Pense em adquirir um seguro de responsabilidade civil para se proteger a si e ao seu negócio contra acidentes ou ferimentos. Como em qualquer negócio, é essencial criar uma aparência profissional. Isto pode envolver um website, cartões de visita, e um logótipo.

Existem muitos métodos para promover o seu negócio de guarda de animais ou de passear de cães. Pode abordar potenciais clientes através de sites de redes sociais, tais como Facebook, Instagram, jornais locais, e quadros de avisos da comunidade. Pode também contactar lojas e veterinários locais para ver se estão dispostos a publicar panfletos ou sugerir clientes.

Estabelecer uma relação sólida com os seus clientes é vital para o sucesso do seu serviço de guarda de animais de estimação ou de passeio de cães. Chegue a tempo e cumpra as instruções ou procedimentos que o dono do animal de estimação tenha estabelecido. É também uma grande ideia fornecer aos seus clientes actualizações e imagens enquanto eles estão fora para lhes dar paz de espírito.

Assim que tiver desenvolvido uma base de clientes estável, pode querer tentar expandir as suas ofertas. Isto pode envolver a prestação de serviços como o aliciamento ou treino de cães e serviços de sentar ou passear cães para gatos ou pássaros.

Sentar e passear cães pode ser rentável e recompensar empresas para estudantes universitários. Ao aderir a estas directrizes, pode criar um negócio lucrativo e duradouro que lhe permita fazer algo de que goste enquanto obtém outros rendimentos.

7. FAZER BISCATES PARA AS PESSOAS DA SUA COMUNIDADE.

Como estudante universitário, ter uma pequena quantia de dinheiro rápido é geralmente benéfico. Oferecer empregos estranhos às pessoas do seu bairro é uma forma de ganhar algum dinheiro rápido. Estas tarefas podem incluir a manutenção do quintal, a limpeza e a limpeza da neve.

A manutenção da relva é uma necessidade em muitas comunidades, particularmente durante os meses mais quentes. As pessoas que não têm tempo ou energia para manter os seus relvados podem estar dispostas a contratar alguém em seu nome.

Se gosta do ar livre e tem uma aptidão para jardinagem, esta pode ser uma excelente forma de ganhar dinheiro rápido. Pode fornecer serviços de corte, aparagem, corte de bordas, e controlo de ervas daninhas.

Durante o Inverno, o corte da neve é outro trabalho que pode ser muito procurado. Se vive num local com uma queda de neve considerável, pode ganhar dinheiro substancial a cavar as entradas e passeios dos vizinhos. Isto é especialmente verdade se possuir um limpa-neves de confiança ou outro equipamento para acelerar o processo.

A limpeza é outro serviço pelo qual muitas pessoas estão prontas a pagar, particularmente se estiverem demasiado ocupadas para o fazerem elas próprias. Pode oferecer serviços de organização geral de limpeza e limpeza profunda. Considere oferecer serviços especializados como a limpeza de carpetes e a lavagem de janelas.

Ao oferecer trabalhos ímpares na sua comunidade, é essencial ser profissional, confiável e pessoal. Assegurar uma comunicação clara com os seus clientes relativamente à sua disponibilidade e serviços. Além disso, deve estar disposto a colaborar com os seus clientes para desenvolver um plano que corresponda às suas necessidades e orçamento.

Uma abordagem para distinguir os seus trabalhos ímpares consiste em fornecer preços competitivos. Considere oferecer descontos para clientes repetidos ou encaminhados após pesquisar os preços para serviços semelhantes na sua região. Poderá também explorar a venda de pacotes ou pacotes para facilitar aos clientes a aquisição simultânea de muitos serviços.

Pode ter um fluxo de trabalho consistente ao promover excelentes relações com a sua clientela. Além disso, pode distinguir-se por ir acima e acima para a sua clientela. Isto pode implicar a realização de outras actividades que não estavam cobertas pelo seu contrato original, ou pode simplesmente implicar estar receptivo aos desejos e preocupações do seu cliente.

Por último, é essencial dar prioridade à segurança ao oferecer trabalhos estranhos. Siga os procedimentos de segurança adequados e utilize equipamento de protecção conforme necessário. Além disso, é prudente fazer um seguro de responsabilidade civil em acidentes de trabalho ou ferimentos.

Oferecer biscates, tais como manutenção da relva, remoção de neve e limpeza, pode ser uma forma fantástica de os estudantes universitários ganharem dinheiro rapidamente. Profissionalismo, confiança e simpatia permitir-lhe-ão desenvolver um negócio lucrativo e prestar serviços vitais à comunidade.

8. ALUGUER DE UM QUARTO OU PROPRIEDADE NA AIRBNB.

Airbnb, uma plataforma famosa que permite aos indivíduos alugarem as suas casas ou quartos aos hóspedes, é uma opção a investigar. Como método para os estudantes universitários ganharem dinheiro extra e conhecerem novas pessoas em todo o mundo, a Airbnb tem crescido em popularidade.

Como estudante universitário, o alojamento na Airbnb tem muitas vantagens. A liberdade que vem com o alojamento é uma das suas maiores vantagens. Se tiver uma agenda apertada, pode escolher quando disponibilizar o seu lugar e com que frequência. Acolher na Airbnb pode também ser uma excelente oportunidade para conhecer novas pessoas e descobrir novas culturas. Além disso, existe o potencial de ganhar dinheiro extra, o que pode ser particularmente benéfico para os estudantes universitários.

Se for um estudante universitário interessado em acolher na Airbnb, há alguns passos que terá de dar para começar. Primeiro, deve criar um perfil no website da Airbnb. Isto implicará gerar uma listagem para o seu espaço, completa com dimensões, comodidades, e informação de localização. Deve também decidir sobre preços razoáveis para a sua listagem, considerando o custo de vida na sua localização e a procura de alugueres.

Uma vez a sua listagem em directo, há alguns métodos que pode empregar para se tornar um anfitrião bem sucedido. A manutenção de um ambiente limpo e bem cuidado é uma das tarefas mais essenciais. Isto ajudará a atrair hóspedes e a assegurar a sua satisfação.

Também é essencial responder às exigências dos hóspedes e estabelecer uma comunicação eficaz. Isto pode envolver responder a perguntas sobre a sua localização e a região circundante e estar disponível para resolver quaisquer dificuldades.

A Airbnb pode ser uma grande oportunidade para ganhar dinheiro rapidamente e obter experiência útil, mas há também possíveis questões a considerar. A integração das responsabilidades de alojamento com o trabalho escolar pode ser um dos maiores obstáculos. Deve dedicar tempo suficiente tanto aos seus estudos como às suas funções de acolhimento. Deve também estar preparado para gerir as expectativas dos hóspedes e lidar com potenciais problemas.

Seguir as leis e regulamentos locais é um dos factores mais importantes a considerar como um estudante universitário anfitrião da Airbnb. É essencial estar informado das leis e regulamentos locais sobre alugueres a curto prazo, tais como regulamentos de zoneamento e requisitos de licenças comerciais. Algumas localidades podem limitar o número de dias que uma casa pode ser alugada por ano ou exigir que os anfitriões registem as suas listagens no município ou concelho.

Para além de aderir às leis e regulamentos locais, deve estar ciente de quaisquer regras e regulamentos estabelecidos pelo seu senhorio ou organização de proprietários. Antes de alojar na Airbnb, pode precisar de autorização do seu senhorio se alugar um apartamento ou viver num dormitório. Da mesma forma, se viver numa comunidade governada por uma associação de proprietários, pode ser-lhe exigido o cumprimento de certos regulamentos de alojamento.

Gerir as suas finanças é outro aspecto essencial enquanto alberga na Airbnb como estudante universitário. Manter um registo das suas receitas e despesas e reservar uma parte das suas receitas para impostos é essencial. Em alguns locais, a Airbnb cobra e remete impostos em nome dos seus anfitriões, mas deverá sempre consultar um profissional de impostos para assegurar o cumprimento de todos os regulamentos fiscais aplicáveis.

Por último, é essencial conhecer os riscos do alojamento da Airbnb. Embora a plataforma tenha tomado precauções para salvaguardar a segurança dos seus anfitriões e visitantes, existe sempre a possibilidade de danos materiais ou danos pessoais.

Para reduzir estes riscos, é aconselhável estabelecer e explicar aos seus hóspedes um conjunto claro de regras da casa. Também pode desejar salvaguardar a si próprio e os seus bens, obtendo um seguro.

Os estudantes universitários podem ganhar dinheiro extra e obter experiências essenciais ao alojarem-se na Airbnb. Pode ter uma experiência de alojamento bem sucedida e agradável, cumprindo as regras e regulamentos locais, gerindo os seus fundos, e estando consciente dos riscos.

Como anfitrião da Airbnb, tem a oportunidade de conhecer indivíduos de todo o mundo e desenvolver relações possivelmente duradouras. Também pode definir os seus preços e disponibilidade para determinar quando e quanto deseja fazer.

Antes de poder começar a alugar a sua propriedade na Airbnb, deve considerar o seguinte:

Dependendo do local onde vive, podem existir leis e restrições específicas sobre alugueres a curto prazo. Certifique-se de que está ciente de todas as leis aplicáveis e de que recebe quaisquer licenças ou autorizações essenciais.

Se algo correr mal durante a estadia de um hóspede, é essencial ter a cobertura de seguro correcta. A Airbnb's Host Guarantee cobre até $1,000,000 em perdas. No entanto, pode ser prudente investigar opções de seguro adicionais.

Estabelecer a sua listagem: Uma listagem bem escrita e visualmente apelativa é um dos componentes mais importantes para atrair hóspedes. Seja franco e honesto sobre os serviços e expectativas que tem para os seus convidados. Inclua fotografias da sua localização e uma explicação completa das comodidades que oferece.

Determine um preço razoável para o seu espaço com base na sua localização, tamanho, e características. Lembre-se que a Airbnb toma uma parte das suas escolhas, por isso não se esqueça de fixar o preço em conformidade. Também pode oferecer descontos para estadias mais longas ou reservas de última hora para aumentar a probabilidade de preencher a sua agenda.

A comunicação eficaz com os seus convidados Airbnb é essencial para uma experiência positiva. Pense em estabelecer um manual doméstico contendo informações sobre o seu lugar e quaisquer regras ou expectativas para os visitantes. Responda rapidamente aos pedidos de informação e assegure-se de que as instruções de acesso são claras.

Manter um ambiente limpo e bem cuidado é vital para atrair e manter os clientes. Antes e depois da estadia de cada hóspede, efectuar uma limpeza completa e considerar o fornecimento de extras, tais como roupa de cama e toalhas limpas.

Segurança: Assegurar a segurança dos seus hóspedes é da maior importância. Considere oferecer um kit de primeiros socorros e garantir que as suas instalações estão equipadas com alarmes de fumo. Também pode desejar adquirir um cofre ou fechadura inteligente para facilitar o acesso dos hóspedes ao seu espaço.

Como estudante universitário, pode alugar com sucesso e lucrativamente um quarto na Airbnb, cumprindo as directrizes acima mencionadas e sendo um anfitrião amigável e receptivo. Poderá não só ganhar dinheiro rapidamente, mas também ter a oportunidade de conhecer pessoas intrigantes e talvez formar relações duradouras.

9. PRESTAR SERVIÇOS DE FREELANCE.

Entre as formas mais simples de os estudantes universitários ganharem dinheiro rapidamente está a prestação de serviços freelance num talento que possuem. Quer seja escrita, design gráfico, ou gestão de meios de comunicação social, as pessoas e as empresas procuram sempre indivíduos talentosos para ajudar nas suas iniciativas.

A flexibilidade é uma das vantagens da prestação de serviços independentes. Pode seleccionar os projectos em que deseja trabalhar e estabelecer o seu horário, permitindo-lhe gerir o seu emprego com a sua educação e outras obrigações.

Além disso, o trabalho freelance pode ser um excelente método para reunir experiência e construir uma carteira, o que pode ser especialmente benéfico para os estudantes que desejam entrar num determinado sector após a graduação.

Há algumas medidas que pode começar a tomar para começar, se estiver a considerar dar serviços de freelancer. Primeiro, considere as capacidades que possui e o tipo de carreira que lhe interessa.

É um escritor eficaz?

Tem a capacidade de criar gráficos esteticamente atractivos?

Tem experiência na gestão de contas nos meios de comunicação social?

Depois de identificar os seus pontos fortes, é tempo de começar a construir a sua carteira. Isto pode conter amostras do seu trabalho anterior e trabalhos e projectos relevantes do curso.

Há muitas opções para encontrar trabalhos freelance. Uma possibilidade é criar um perfil numa plataforma freelance, tal como Upwork, Fiverr, ou Freelancer. Estas plataformas permitem-lhe concorrer a trabalhos e interagir com clientes internacionais.

Pode também contactar directamente empresas e indivíduos locais para oferecer os seus serviços. Amigos, familiares, e colegas de turma podem também ser recursos úteis para encontrar trabalhos freelancer.

Ao trabalhar com clientes, é essencial ser fiável e profissional. Isto inclui estabelecer objectivos e prazos claros e comunicar e produzir constantemente trabalho de alta qualidade. Além disso, ter um contrato em vigor é prudente para o proteger a si e ao seu cliente. Isto pode incluir o âmbito do projecto, condições de pagamento, e outros elementos que exijam acordo.

É necessário considerar as implicações financeiras do freelancing e as questões práticas. Como estudante universitário, pode estar com um orçamento apertado, pelo que é essencial estar atento às suas despesas e ao preço dos seus serviços em conformidade. Como todos os trabalhadores independentes são responsáveis pelo pagamento dos seus impostos, pode ser vantajoso reservar uma percentagem das suas receitas para este fim.

A prestação de serviços freelance pode ser um excelente método para os estudantes universitários ganharem dinheiro rapidamente enquanto adquirem experiência e desenvolvem os seus talentos. Pode transformar as suas capacidades num próspero negócio freelancer com um pouco de organização e esforço.

10. PARTICIPAR EM GRUPOS FOCAIS OU INQUÉRITOS PAGOS.

A prioridade número um de todos os estudantes universitários é a académica. Deve ser sempre isto e nunca mais nada. No entanto, haverá momentos em que deverá desempenhar dois papéis: estudante e funcionário a tempo parcial. É aqui que as dificuldades de ser estudante se manifestam.

Existem formas legítimas de ganhar dinheiro através da participação em inquéritos, mas a questão mais importante é porque é que os estudantes universitários devem considerar seriamente esta oferta. As explicações que se seguem explicarão porquê:

Antes de mais, é uma profissão que os estudantes universitários podem exercer. É tão simples que o podem fazer em casa, longe do vosso chefe e dos vossos colegas de trabalho. Além disso, não requer obrigações e compromissos excessivos da sua parte.

Tem a opção de participar ou não em inquéritos. Simplesmente, completa as sondagens quando está de mau humor e passa quando não está. É tudo o que existe! Pode trabalhar quando lhe for mais conveniente, e se não gostar de participar em inquéritos neste momento, tem a opção de os saltar.

Em segundo lugar, as sondagens pagas a estudantes universitários oferecem melhores retornos do que um trabalho típico na área circundante da cidade universitária. Quando pensar nisso, compreenderá que a realização de sondagens pagas paga mais do que o salário mínimo.

Apesar da natureza inconstante do trabalho e das suas características variáveis, este é, no entanto, considerado como uma posição ideal para um estudante universitário como você. Encontrar trabalho a tempo inteiro no mundo real seria mais difícil se dedicar apenas algumas horas por semana à sua posição a tempo parcial. Por conseguinte, um inquérito pago em linha oferece maiores benefícios.

Para além de ganhar dinheiro com as sondagens concluídas, os estudantes universitários que participam em programas de sondagens pagas também têm a oportunidade de ser compensados por testes de produtos. Pode acreditar que as organizações que incluem testes de produtos nos seus serviços não pagam o suficiente, mas deve ver estas perspectivas de forma positiva.

Algumas empresas de estudos de mercado permitem testes de produtos, e estes produtos estão intimamente relacionados com os disponíveis para compra. Estes itens incluem snacks, maquilhagem, e produtos para o cabelo, entre outros.

Seguindo as explicações acima mencionadas, a questão das receitas irá provavelmente levantar-se. Quanto é que se ganha com os inquéritos pagos?

Com a disponibilidade de esquemas de inquéritos pagos a estudantes, é difícil determinar se irá ganhar uma quantia substancial de dinheiro. No entanto, estas sondagens pagas fraudulentamente aos estudantes não devem impedir o progresso. Há ainda um grande número de organizações de sondagens em linha legítimas e de pagamento rápido.

O registo em múltiplas organizações de sondagens pagas é a chave para fazer uma fortuna com este tipo de negócio. Uma vez que a maioria das empresas apenas entregaria uma quantidade mínima de trabalho, é prudente registar-se com o maior número possível de empresas de sondagens pagas. No entanto, nunca se deve negligenciar a responsabilidade total pelo seu trabalho.

Agora, como é que consegue a admissão? Deve estar ciente de que a possibilidade de participar em empresas de sondagens pagas em linha vem com uma excepção. Antes de ser aceite, deve completar as perguntas para determinar se cumpre os requisitos demográficos. Em caso afirmativo, pode começar a participar em inquéritos. Lembre-se de que nem sempre será elegível para participar em empresas de sondagens pagas.

Haverá sempre regras e excepções, pelo que manter o seu perfil é essencial. Existem empresas com padrões de contratação extremamente rigorosos, e manter um registo forte e impressionante irá ajudá-lo a ser contratado sempre.

As sondagens pagas aos estudantes universitários são o método mais fácil e conveniente para ganhar dinheiro suficiente e ao mesmo tempo aproveitar ao máximo o seu tempo livre na escola quando visto de diferentes perspectivas.

Ao inscrever-se em múltiplas organizações de sondagens pagas online, pode gerar múltiplas fontes de receitas. Que fantástico trabalho a tempo parcial para apoiar os seus estudos e outras responsabilidades pessoais!

As sondagens pagas aos estudantes universitários oferecem diferentes métodos de pagamento. Algumas empresas exigem que cada funcionário tenha uma conta Pay Pal. Outras empresas convertem pontos em cartões de oferta, mercadorias, e outras coisas.

Como em qualquer trabalho online, haverá sempre esquemas de inquéritos pagos a estudantes. Foram feitos muitos relatórios sobre estes golpes, e todos eles estão a ser registados. Há ainda centenas de milhares de inquéritos online pagos autênticos disponíveis; tudo o que é necessário é uma pesquisa.

Haverá sempre inquéritos fraudulentos pagos a estudantes, mas isto não deve impedir que os faça. Isto pode não ser um esquema "get-rich-quick", mas saber que irá ganhar dinheiro suficiente com este tipo de trabalho ainda é uma boa noção.

Deve compreender que não existem garantias neste campo. O sucesso é julgado pela forma como um indivíduo segue as instruções e assume total responsabilidade pela tarefa. As pesquisas incompletas são um não-não. Assegure-se sempre de que está a desempenhar as suas funções eficazmente.

11. VENDER AS SUAS FOTOGRAFIAS EM SITES DE FOTOGRAFIA DE STOCK.

Vender as suas fotografias em sites de fotografia de stock é uma forma de rentabilizar o seu passatempo fotográfico. A fotografia de stock refere-se à venda de imagens profissionais adequadas a materiais de marketing, websites, e publicações.

Há sempre uma procura de uma grande variedade de fotografias, desde paisagens e cenas da natureza a paisagens urbanas e retratos. Os websites de fotografia de stock proporcionam aos fotógrafos uma plataforma para vender o seu trabalho a clientes de todo o mundo.

Se estiver interessado em vender as suas fotografias em websites de fotografia de stock, aqui estão algumas dicas para começar:

Escolha um website de fotografia de stock digno de confiança. Muitos websites de fotografia de stock estão disponíveis, mas nem todos são criados de forma igual. Alguns websites oferecem condições mais favoráveis aos fotógrafos e têm uma base de utilizadores maior, aumentando a probabilidade de que as suas fotografias possam ser vistas e compradas. Conduza alguma pesquisa e seleccione um website que esteja bem estabelecido e de boa reputação.

Tire fotografias de boa qualidade: Para vender as suas fotografias em websites de fotografia de stock, estas devem ser de grande qualidade. Isto inclui ter uma composição, iluminação e foco excepcionais, para além de serem bem editadas e desprovidas de distracções. Considere adquirir uma máquina fotográfica de qualidade e adquirir capacidades fotográficas fundamentais, se estiver apenas a começar.

Embora haja necessidade de vários tipos de fotografias, pode ser vantajoso especializar-se num determinado nicho. Isto pode ser fotografia de viagem, fotografia de alimentos, ou fotografia de retrato. Ao especializar-se num determinado assunto, pode acumular um portfólio de fotografias de alta qualidade sobre um tema específico, o que poderá torná-lo mais apelativo para os compradores.

Compreenda os termos do serviço: Cada website de fotografia de stock tem os seus termos de serviço, que definem como as imagens podem ser utilizadas e como o fotógrafo será reembolsado. Certifique-se de que compreende estes termos antes de carregar as suas imagens, pois não quer encontrar-se numa posição em que não seja reembolsado de forma apropriada pelos seus esforços.

Uma vez publicadas as suas fotografias num website de fotografia de stock, deve publicitá-las para que os potenciais compradores as possam encontrar. Isto pode incluir a publicação do seu trabalho nas redes sociais, a adesão a organizações ou fóruns fotográficos, e o contacto directo com potenciais clientes.

A fotografia é uma disciplina em constante evolução. Por conseguinte, é essencial manter-se actualizado com novas técnicas e modas. Considere inscrever-se em cursos ou workshops on-line para melhorar as suas capacidades e aumentar a probabilidade de que as suas fotografias sejam adquiridas.

Vender as suas fotografias em sites de fotografia de stock pode ser lucrativo para rentabilizar o seu passatempo fotográfico. Pode converter o seu passatempo num negócio lucrativo com esforço suficiente e fotografias de alta qualidade.

Escolha um website de fotografia de stock de confiança, tire fotografias fantásticas, e comece imediatamente se estiver preparado para vender as suas fotografias e ganhar dinheiro extra.

12. ASSISTENTE PESSOAL OU UM CORREDOR DE RECADOS.

Como estudante universitário, oferecer os seus serviços como assistente pessoal ou corredor de recados é um método para fazer dinheiro rápido. Muitas pessoas, particularmente profissionais e famílias ocupadas, necessitam de assistência nas compras de mercearia, na recolha da roupa da lavandaria e na execução de recados.

Ser um assistente pessoal ou um corredor de recados pode ser uma forma conveniente e flexível de fazer um rendimento suplementar. Dependendo do seu horário, pode definir o seu trabalho e as suas horas, tanto ou tão pouco quanto escolher.

Precisará definitivamente de uma fonte de transporte fiável e de uma atitude positiva para começar. É essencial ser pontual, fiável e capaz de seguir correctamente as instruções. Além disso, deve ser cordial e profissional ao falar com os clientes.

Para descobrir os clientes, pode começar por perguntar a amigos, familiares e conhecidos se têm algum recado ou tarefa que necessite de assistência. Além disso, pode comercializar os seus serviços nos meios de comunicação social e nos sites de classificados locais.

Deve estar organizado e ser produtivo como assistente pessoal ou corredor de recados. É essencial acompanhar os projectos e prazos e garantir que tudo é concluído a tempo. Pode também precisar de comunicar frequentemente com os clientes para os manter a par do seu progresso.

Para além da realização de recados, pode também ser-lhe solicitado que marque compromissos, faça chamadas telefónicas e gere e-mails. Deverá ser proficiente com as aplicações padrão do escritório e ser capaz de fazer tarefas administrativas conforme necessário.

Para ser bem sucedido como assistente pessoal ou corredor de recados, deve ser adaptável e ter um bom desempenho sob pressão. É de esperar que consiga gerir uma série de responsabilidades, pelo que a capacidade de pensar de pé e desenvolver soluções inovadoras para os problemas é essencial.

Como estudante universitário, vender as suas competências como assistente pessoal ou corredor de recados pode ser uma forma gratificante e versátil de ganhar dinheiro rapidamente. Ser um assistente pessoal ou um corredor de recados pode ser uma grande oportunidade, independentemente de querer complementar os seus rendimentos ou lançar o seu próprio negócio.

13. ALUGUE O SEU CARRO.

Alugar o seu carro no Turo ou outras plataformas semelhantes pode ser uma forma fantástica de fazer dinheiro rápido enquanto estiver na faculdade. Não só é uma forma fácil de ganhar dinheiro extra, como também pode ajudar a cobrir as despesas de propriedade do carro. Além disso, com a cobertura de seguro do Turo, pode ter a certeza de que o seu veículo está seguro enquanto está a ser alugado.

Então, como é que funciona?

Deve primeiro criar uma conta Turo e listar o seu veículo. Deve fornecer informações básicas sobre o seu veículo, incluindo a marca, modelo, ano, e fotografias. A Turo oferecerá então uma taxa diária baseada em veículos comparáveis na sua região. Pode aceitar esta taxa, ou pode seleccionar a sua própria taxa.

Depois de listar o seu veículo, começará a receber pedidos de aluguer. Pode aceitar ou negar estes pedidos e acrescentar regulamentos, tais como não fumar ou cães, para garantir que o seu carro é bem cuidado durante algum tempo, é alugado.

A Turo tratará do pagamento e notificá-lo-á quando um locatário desejar reservar o seu veículo. Deve encontrar-se com o locatário num local mutuamente acordado para entregar as chaves e inspeccionar o veículo.

Após o tempo de aluguer, o locatário devolverá o veículo ao local acordado, e o cliente inspeccioná-lo-á em busca de danos. A Turo libertará o seu pagamento, menos as suas taxas, se tudo for satisfatório.

Pode ganhar uma grande quantia de dinheiro alugando o seu carro no Turo, particularmente se tiver um veículo popular ou a pedido. Como a Turo trata do pagamento e da comunicação com o locatário, não tem de lidar com nenhum dos componentes logísticos do aluguer. Por exemplo, se for proprietário de um veículo novo ou caro, poderá antecipar um custo diário mais elevado.

Outra vantagem é que pode decidir quando e com que frequência alugar o seu veículo. Isto dá-lhe o controlo total sobre o montante e o calendário das suas marcas. Se tiver um horário muito ocupado e não quiser comprometer-se com um horário de aluguer regular, pode simplesmente colocar o seu veículo para aluguer quando souber que não vai precisar dele.

No entanto, é essencial lembrar que o aluguer do seu veículo envolve alguns perigos. Por exemplo, é sempre possível que o alugador cause danos no seu veículo ou se veja envolvido num acidente.

Por conseguinte, é importante realizar uma inspecção abrangente antes e depois de cada aluguer para verificar se o veículo está em boa forma. A Turo fornece cobertura de seguro para os locatários, mas é sempre uma boa ideia levar a sua apólice em caso de circunstâncias imprevistas.

Em geral, alugar o seu carro em Turo ou plataformas semelhantes pode ser uma forma fantástica de ganhar dinheiro rápido enquanto estiver na faculdade. É simples de estabelecer, e os retornos potenciais são substanciais. Não se esqueça de pesar os perigos e tomar as salvaguardas necessárias para salvaguardar o seu veículo e os seus interesses financeiros.

14. PARTICIPAR EM ESTUDOS CLÍNICOS OU ENSAIOS MÉDICOS.

A participação em estudos médicos ou ensaios clínicos financiados pode ser um excelente método para os estudantes universitários ganharem dinheiro rapidamente, ao mesmo tempo que avançam na investigação médica. Tipicamente realizados por corporações farmacêuticas, instituições de investigação, ou grupos de investigação clínica, estes estudos avaliam frequentemente a eficácia e a segurança de novos medicamentos ou terapias.

Uma vantagem fundamental da participação num estudo médico financiado é a oportunidade de fazer mais sobre o processo de investigação e ajudar no desenvolvimento de novos medicamentos que podem melhorar a vida das pessoas. Além disso, muitos estudos compensam os participantes pelo seu tempo e viagens, o que pode ser um grande benefício financeiro para os estudantes universitários que procuram rendimentos extra.

Antes de considerar a participação num estudo médico, é essencial compreender os riscos e vantagens associados. Alguns estudos podem precisar que os participantes tomem medicamentos ou se submetam a procedimentos médicos, e há sempre a possibilidade de ter efeitos adversos ou dificuldades. Antes de concordar em inscrever-se, é essencial compreender completamente todo o material fornecido pelo patrocinador da investigação e discutir quaisquer preocupações com um médico de saúde.

Se gosta de participar num estudo médico financiado, muitas coisas podem ser feitas para aumentar as suas hipóteses de ser escolhido:

Investigue o patrocinador do estudo: Certifique-se de que o patrocinador é credível e que um comité de ética independente aprovou a investigação.

Examine os pré-requisitos do estudo: Verificar se preenche as condições de elegibilidade para o estudo, incluindo idade, historial médico, e outras características relevantes.

Reconhecer a compensação: Determinar quanto custará o estudo e que despesas serão reembolsadas.

Pense no compromisso de tempo: Certifique-se de que dispõe do tempo e disponibilidade para cumprir os critérios do estudo, incluindo quaisquer visitas de acompanhamento necessárias.

Consulte o seu profissional de saúde: Discuta a sua participação no estudo com o seu profissional de saúde para garantir a sua segurança e obter a autorização médica necessária.

Há algumas formas de localizar a investigação médica compensada e os ensaios clínicos que recrutam pessoas. Algumas alternativas incluem:

Muitos hospitais e instituições de investigação realizam os seus estudos e podem estar à procura de participantes.

Muitas bases de dados na Internet, incluindo ClinicalTrials.gov e CenterWatch, listam estudos médicos e ensaios clínicos pagos.

Algumas corporações farmacêuticas realizam os seus estudos e podem procurar participantes se forem contactadas.

Perguntar ao seu profissional médico: O seu médico de saúde pode estar ciente da pesquisa de recrutamento de participantes em curso e ser capaz de o encaminhar.

Como indicado na conclusão, a participação em estudos médicos ou ensaios clínicos pagos é uma óptima opção para os estudantes universitários ganharem dinheiro rápido enquanto avançam na investigação médica.

Antes de participar num estudo, é essencial pesar os riscos e vantagens e realizar uma investigação extensiva sobre o patrocinador. Ao seguir estes passos, pode aumentar as suas hipóteses de ser seleccionado para um estudo e dar uma contribuição significativa para a indústria médica.

15. SERVIÇOS DE ASSISTENTE VIRTUAL.

Como estudante universitário, tornar-se um assistente virtual está entre os métodos mais flexíveis para ganhar dinheiro rápido. Um assistente virtual (VA) é um profissional que assiste remotamente os clientes com tarefas administrativas, técnicas, ou criativas a partir do seu escritório em casa.

Se tiver excelentes capacidades organizacionais, um olho para os detalhes, e a capacidade de multitarefas, ser um assistente virtual (VA) pode ser uma grande opção. Aqui estão algumas considerações essenciais ao entrar neste campo:

Determine as suas áreas de competência e concentre-se em desenvolver os seus talentos. Gestão de horários e calendário, gestão de correio electrónico, introdução de dados, administração de redes sociais e apoio ao cliente são responsabilidades típicas dos assistentes virtuais.

Estabelecer uma presença credível na web; isto inclui a criação de um website ou perfil LinkedIn destacando os seus conhecimentos e competências. Considere juntar-se a comunidades ou fóruns online onde pode trabalhar em rede com outros assistentes virtuais e possíveis clientes.

Determine os seus honorários e disponibilidade; Como estudante universitário, não pode ter muito tempo livre. Por conseguinte, deve comunicar a sua disponibilidade e os tipos de trabalhos que pode realizar. Pense em estabelecer um sistema de preços escalonados correspondente ao seu grau de experiência e competência.

Comercializar os seus serviços: Uma vez estabelecido o seu website e o seu perfil no LinkedIn, é altura de começar a promover os seus serviços. Informe os seus amigos, família e colegas de trabalho sobre o seu negócio de assistente virtual, e considere a possibilidade de fazer publicidade nos meios de comunicação social ou através de campanhas de correio electrónico direccionadas.

Continue a estudar e a melhorar; aprender e melhorar as suas competências é essencial para se manter competitivo no mercado de assistentes virtuais. Considere inscrever-se em cursos on-line ou visitar eventos da indústria para se manter actualizado sobre as mais recentes tecnologias e melhores práticas.

Aderindo estritamente a estas etapas, pode criar um negócio lucrativo de assistente virtual (VA) e ganhar dinheiro rápido enquanto estiver na faculdade. Pode converter o seu negócio de assistente virtual numa profissão rica e satisfatória com pouco esforço e empenho.

16. VENDER A SUA ROUPA USADA OU ACESSÓRIOS.

Se tem uma grande quantidade de produtos pouco usados ou de alta qualidade que já não quer ou precisa, vendê-los em Poshmark ou Depop pode ser um excelente método para fazer dinheiro rápido. Interagir com os outros e expressar o seu talento distintivo pode ser divertido e gratificante.

Basta estabelecer uma conta em Poshmark ou Depop e começar a vender os seus produtos para venda para começar. Ambas as plataformas permitem-lhe publicar imagens, e descrições dos seus produtos, estabelecer os seus preços, e comunicar com potenciais compradores. Também pode utilizar hashtags para aumentar a visibilidade das suas coisas para uma audiência maior e publicar as suas listas nas redes sociais para atrair ainda mais consumidores.

Ao vender as suas roupas antigas ou acessórios em Poshmark ou Depop, uma das coisas mais importantes a lembrar é tirar imagens de alta qualidade que mostrem as suas coisas com a melhor luz possível.

Isto inclui utilizar iluminação natural, garantir que os seus produtos estão limpos e bem representados, e tirar muitas fotografias de várias perspectivas. Deve também ser verdadeiro e preciso nas descrições dos seus produtos e considerar oferecer descontos em pacotes ou envio gratuito para aumentar a desejabilidade dos seus produtos.

O serviço ao cliente é outro componente chave na venda da sua roupa antiga ou acessórios em Poshmark ou Depop. Responder rapidamente a inquéritos e perguntas e ser flexível e sensível às exigências dos seus compradores pode ser um longo caminho para estabelecer uma grande reputação e angariar negócios repetidos. Deve também estar disposto a negociar preços e alcançar um acordo mutuamente benéfico com os seus clientes.

Notavelmente, Poshmark e Depop cobram cada um uma pequena percentagem das suas vendas como uma taxa pela utilização das suas plataformas. No entanto, este é um preço menor pela facilidade e exposição oferecidas por estas plataformas. Além disso, quanto mais sucesso tiver na venda dos seus produtos, mais dinheiro poderá ganhar.

Em geral, vender a sua roupa antiga ou acessórios em Poshmark ou Depop pode ser uma forma fantástica de limpar o seu guarda-roupa, ganhar dinheiro rapidamente e ligar-se a outras pessoas que partilham uma paixão semelhante pela moda.

Quer esteja à procura de desobstruir o seu guarda-roupa ou de ganhar dinheiro rápido à parte, estas plataformas oferecem um método simples e conveniente para chegar a um grande público com as suas coisas gentilmente usadas ou de alta qualidade.

17. VENDER AS SUAS CAPACIDADES DE TUTORIA OU DE ENSINO EM WEBSITES.

Se procura um método flexível e rentável para ganhar dinheiro extra, considere tornar-se um tutor ou professor em websites como VIPKid e iTutor.

Como tutor ou instrutor nestas plataformas, terá a oportunidade de ajudar estudantes de todo o mundo a alcançar os seus objectivos académicos. Poderá definir as suas propinas e trabalhar a partir da conveniência da sua casa ou local de trabalho.

Deverá estabelecer um perfil e submeter uma candidatura para começar. Isto inclui frequentemente a apresentação de informações relativas à sua história educacional e experiência de ensino e a conclusão de uma aula de demonstração e outros exames.

Uma vez aprovado, terá acesso a diferentes recursos e apoio para o ajudar a ser bem sucedido. Isto pode incluir materiais de formação, ideias de lições, e assistência contínua do pessoal docente da plataforma.

A flexibilidade é uma das principais vantagens de se tornar um tutor ou professor em plataformas tais como VIPKid ou iTutor. É livre de seleccionar quando e onde trabalha e quanto trabalha. Isto torna-a uma alternativa perfeita para estudantes universitários com horários ocupados e a necessidade de ganhar dinheiro fora das aulas.

Outro benefício é a oportunidade de ganhar um salário substancial. Tutores e professores nestas plataformas podem ganhar entre $14 e $22 por hora, dependendo das suas qualificações e nível de experiência. Isto pode resultar em muito dinheiro rápido ao longo do tempo.

Para além das vantagens financeiras, tornar-se tutor ou professor em plataformas como VIPKid ou iTutor também pode ser gratificante e gratificante.

Terá a oportunidade de influenciar significativamente a vida dos seus alunos e ajudá-los a atingir os seus objectivos académicos.

Considere tornar-se um tutor ou professor em plataformas como VIPKid ou iTutor se for um estudante universitário à procura de uma forma flexível e gratificante de ganhar dinheiro extra. Pode ser bem sucedido nesta posição e ter um impacto significativo na vida dos seus filhos se tiver a mentalidade e dedicação correctas.

18. ESCRITOR OU EDITOR FREELANCE.

Como estudante universitário, prestar os seus serviços de escrita e edição em plataformas como Upwork e Freelancer é um método para ganhar dinheiro rapidamente. Estes mercados da Internet ligam indivíduos e empresas com freelancers que podem ajudar em alguns trabalhos, incluindo escrita e edição.

Considere dar os seus serviços de escrita e edição nestes sites se tiver grandes capacidades de escrita e edição e um desejo de ganhar dinheiro extra com eles. Aqui estão algumas sugestões para que possa começar:

O seu perfil permite-lhe demonstrar os seus talentos e experiência a potenciais clientes. Inclua uma foto clara e profissional e uma visão completa das suas qualificações, incluindo qualquer escolaridade ou experiência relevante.

Desenvolva um nicho especializado: Embora possa fornecer diferentes serviços de escrita e edição, pode ser benéfico concentrar-se numa determinada área. Isto pode torná-lo mais apelativo para potenciais consumidores à procura de um especialista num determinado campo. Por exemplo, poderá especializar-se no desenvolvimento de material para websites, publicações nos meios de comunicação social, ou documentos de investigação.

Considere os preços praticados para serviços semelhantes na plataforma e o seu grau de conhecimento e experiência ao seleccionar os seus preços. Tenha o cuidado de transmitir os seus preços a potenciais clientes e esteja disposto a negociar, se necessário.

Uma carteira sólida ajudá-lo-á a distinguir-se de outros freelancers, bem como a demonstrar a sua experiência a potenciais clientes. Considere incorporar amostras de escrita e edição que demonstrem as suas capacidades e as tarefas que completou anteriormente.

Pense em contactar directamente potenciais clientes e promover os seus serviços nas redes sociais e outras plataformas em linha, o que o pode ajudar a desenvolver a sua base de clientes e aumentar a sua visibilidade como freelancer.

Seja profissional e atencioso: Como freelancer, é essencial comunicar eficientemente com os clientes e responder prontamente às suas perguntas. Não se esqueça de honrar as suas obrigações e apresentar trabalho de alta qualidade antes do prazo.

Ao aderir a estas directrizes, pode estabelecer-se como um valioso e fiável freelancer em websites como Upwork e Freelancer. Pode transformar as suas capacidades de escrita e edição num negócio lucrativo na faculdade, se investir tempo e esforço.

19. OPORTUNIDADES PAGAS EM LINHA E MODELAGEM.

Participar em oportunidades remuneradas de representação ou de modelo como estudante universitário é uma forma rápida de ganhar dinheiro extra e ganhar experiência na indústria do entretenimento. Pode tomar algumas acções para aumentar as suas hipóteses de conseguir empregos remunerados de representação ou de modelo, apesar da dificuldade de entrar na indústria.

Em primeiro lugar, é essencial estabelecer uma carteira sólida. Isto pode incluir fotografias de cabeça, fotografias de corpo inteiro, e quaisquer outras fotografias que realcem a sua aparência e estilo distintivos.

Considere investir numa sessão fotográfica com um fotógrafo local ou pedir a um amigo que lhe tire imagens de alta qualidade se ainda não tiver fotografias profissionais. Além disso, é uma boa ideia preparar um currículo que realce a sua experiência de representação ou de modelo (se tiver alguma) e os talentos ou formação aplicáveis.

A seguir, comece a sua procura de oportunidades. Há muitas maneiras de descobrir oportunidades de actuar ou de ser modelo pago. Aderir a uma agência de representação ou de modelagem é uma alternativa. Estas agências representam talento e ajudam-nos a encontrar emprego. Embora a adesão a uma agência possa ser um esforço competitivo, também pode ser um excelente método de acesso a diferentes oportunidades.

Pode também procurar oportunidades por si próprio. Bastidores, Model Mayhem, e Craigslist são apenas alguns websites e serviços que apresentam trabalhos pagos de representação e modelagem. Verifique com os directores de fundição e empresas de produção locais para ver se têm algum projecto para o qual possa ser um candidato adequado.

Deve ser profissional e bem preparado quando consiga um trabalho de representação ou de modelismo. Chegar a tempo, estar preparado e pronto a aceitar instruções, e estar receptivo a comentários. Todas estas são características essenciais que os directores de elenco e os clientes procuram em talento.

A participação em oportunidades remuneradas de representação ou de modelismo pode ser uma óptima forma de os estudantes universitários ganharem dinheiro extra e obterem experiência na indústria. Com uma boa carteira, uma atitude proactiva, e um comportamento profissional, pode aumentar as suas hipóteses de assegurar tarefas remuneradas e estabelecer uma carreira de representação ou de modelo de sucesso.

20. MARKETING DE ARTIGOS.

Se já está a escrever conteúdos para a web, o seu fórum, ou mesmo para a escola, acredite ou não, escrever artigos pode ser uma opção lucrativa e simples para os estudantes universitários ganharem dinheiro online rapidamente.

A Internet é uma vasta colecção de artigos, incluindo milhões de páginas de informação, todas disponíveis na ponta dos seus dedos. É uma biblioteca de conhecimentos sem fim que tem sede de aprender a cada segundo de cada dia.

Então, como se começa? Primeiro, é preciso compor um artigo. O artigo pode ser sobre qualquer coisa, o que quer que esteja a acontecer no mundo ou na sua mente. Não lhe apetece escrevê-lo você mesmo? Pode contratar alguém em seu nome.

Estes indivíduos são conhecidos como "ghostwriters". Eles escrevem estes artigos sobre diversos tópicos e vendem-nos para consumo geral. Estes artigos são concebidos para permitir ao comprador personalizá-los.

Alguns websites aceitam estes artigos mas são tipicamente de qualidade inferior e não exigem um preço elevado. A táctica mais eficaz é compor um artigo de 200-400 palavras. O artigo é excessivamente longo e lê-se como um monólogo. Não se quer que o artigo seja demasiado breve porque está a dar valor à Internet.

Antes de submeter o seu post, não se esqueça de aderir aos requisitos mencionados. Depois de ter escrito um artigo, deve encontrar um website que pague por eles. Conteúdo Associado é um dos melhores websites que já encontrei. Este website paga entre $5 e $50 por peça, dependendo da sua qualidade e procura. No sítio web, os artigos de grande procura são indicados e normalmente exigem preços substancialmente mais elevados.

Indique se deseja submeter o seu artigo como "exclusivo" ou "não-exclusivo". Exclusivo significa que está a abdicar dos seus direitos de autor para o website; deixará de estar autorizado a utilizar este post. Não exclusivo significa exactamente o oposto; mantém os direitos de autor sobre o artigo. Tipicamente, os artigos exclusivos têm os maiores custos.

A criação do seu e-book é outro método para rentabilizar a sua escrita. O livro pode ser interessante como um trabalho escolar, relatório de período universitário, ou estratégia de resolução de problemas. Há muitos manuais gratuitos disponíveis que explicam como conseguir isto. Os programas de afiliação podem ser uma das formas mais eficazes de comercializar a sua criação. Depois de criar uma obra-prima, tudo o que resta é vendê-la a todo o mundo.

Websites como Clickbank e junção de comissões podem ajudá-lo com este procedimento. Pode agora explorar a sua influência no MySpace ou Facebook para aumentar a influência e popularidade do seu livro; para ajudar a vender o seu livro.

Embora escrever artigos possa não o tornar rico, proporciona um rendimento constante e é provavelmente a forma mais fiável de os estudantes universitários ganharem dinheiro rápido online.

21. SITES DE MICRO EMPREGOS.

Que tipos de empregos existem? Isto depende, em grande parte, do conjunto de aptidões do indivíduo, das suas principais competências, e dos cursos tomados. Os estudantes universitários e as crianças em idade universitária podem obter outros rendimentos através da publicidade de empregos em micro sítios de emprego.

Existem paralelos entre uma série de áreas de habilitação principal universitária e os tipos de tarefas que funcionam e se vendem bem em locais de microempregos; por conseguinte, existem muitas perspectivas para os estudantes universitários que se especializem em diferentes disciplinas.

O que são micro locais de trabalho?

Estes sites permitem a qualquer pessoa publicar empregos que normalmente pagam menos de $20, sendo que os sites mais populares permitem aos utilizadores submeter empregos que pagam entre $5 e $10. Os serviços relacionados com sítios web, tais como SEO, redacção de artigos, construção de links, etc., são os empregos mais frequentemente publicados. Ainda assim, qualquer trabalho (excepto para tarefas adultas, ilegais e relacionadas com o jogo) pode tornar-se um best seller!

Esta é uma das principais atracções destes sites; é praticamente difícil prever qual o trabalho que ressoará com os compradores que frequentam estes sites. A chave é o valor e a qualidade; se publicar trabalhos que fornecem um serviço valioso que poupa tempo ao comprador, irá vender trabalhos!

Porque devem os estudantes universitários anunciar oportunidades de emprego em micro sites de emprego?

Há algumas razões pelas quais os estudantes universitários são vendedores ideais em micro locais de trabalho e podem assim ganhar dinheiro. Ainda assim, as mais importantes são as suas capacidades, a capacidade de trabalhar quando querem, a familiaridade com a tecnologia, e a capacidade de aprender rapidamente.

Os estudantes universitários têm geralmente competência em muitas áreas e possuem competências pouco comuns na comunidade em geral. Além disso, cada pessoa possui um conjunto único de competências que podem ser utilizadas para criar emprego e completar encomendas de uma forma que lhe pague uma boa taxa horária. Quanto mais original e distinto for um emprego, mais opiniões receberá e, consequentemente, mais venderá.

Quando tiver muitas capacidades, pode combiná-las para desenvolver um emprego inventivo que as pessoas quererão comprar a um preço baixo. O desafio é descobrir como fornecer algo distinto num prazo relativamente curto. Cabe a cada indivíduo determinar!

Vender num micro local de trabalho permite uma programação flexível.

A venda de empregos em locais de micro empregos permite aos estudantes universitários trabalhar sempre que podem e satisfazer pedidos para os seus serviços à medida que entram. Assim, as pessoas podem trabalhar uma hora de cada vez quando têm tempo livre, em vez de ter muitas horas para "perfurar" e ganhar dinheiro.

Os estudantes no Colégio cresceram com a Tecnologia.

Como os estudantes universitários cresceram com computadores, muitos tipos de trabalho que muitas vezes se vendem em micro locais de trabalho ou são de segunda natureza para eles ou podem ser rapidamente dominados para obterem ganhos financeiros.

Uma das razões pelas quais os microempregos se têm mantido populares é que os clientes preferem pagar a alguém que já sabe fazer algo do que aprender a fazê-lo e a executar a tarefa eles próprios. Pode colocar mais empregos de alta qualidade em vários campos se tiver um conjunto diversificado de competências, e venderá mais do que alguém com um único emprego ligado a uma especialização.

Considere a possibilidade de colocar trabalho em sites de micro empregos se for um estudante universitário a tentar gerar dinheiro online durante o seu tempo livre. Pode vender trabalhos com base nos seus conhecimentos e talentos actuais!

22. PROGRAMAS DE AFILIAÇÃO.

Está intrigado porque é que os artistas de que nunca ouviu falar ou a electrónica que nunca viu são os produtos mais vendidos da Amazon? Isto é parcialmente atribuível à magia do marketing afiliado.

Estes produtos são comercializados diariamente em salas de chat, fóruns, publicações, e motores de busca por pessoas como você e eu. Todos eles são motivados por um único objectivo: comissões. O marketing de afiliação pode ser bastante bem sucedido e rápido para os estudantes universitários ganharem dinheiro, exigindo inicialmente alguma tentativa e erro.

Como se começa?

Primeiro, é necessário identificar algo actualmente popular, tal como um produto ou um tópico pelo qual as pessoas são apaixonadas. Utilize o MySpace, Facebook, ou o seu fórum preferido para determinar o que os indivíduos precisam ou têm dúvidas sobre. Examine os acontecimentos actuais nos meios de comunicação social e no mundo desportivo. Determine o que se passa no eBay, Amazon, e até no Google.

O Google Labs fornece uma ferramenta fantástica que exibe os dez produtos mais pesquisados. Considere o óbvio: cenários universitários. Estes são excelentes locais para determinar o que os indivíduos gostam. Quando souber o que as pessoas em todo o mundo desejam, compreenderá melhor o que comercializar.

A seguir, terá de identificar algumas palavras-chave relevantes e eficazes. A escolha da palavra-chave adequada é essencial, pois terá impacto no sucesso do esforço de marketing do seu produto. Os motores de busca por palavra-chave, tais como Google Keywords e Overture, são recursos maravilhosos para localizar as melhores palavras-chave para a sua campanha. Procure palavras-chave de cauda longa (3-5 palavras de comprimento) com um forte volume de pesquisa mas baixa concorrência.

Como posso localizar o melhor produto?

Após identificar o seu tópico e palavra-chave, a fase seguinte consiste em localizar um produto. A chave para anunciar com sucesso um produto é identificar algo que acredita que ajudará a resolver um problema e que é relevante para o seu público-alvo. Certifique-se de que o produto ressoa com o seu mercado-alvo. Se quiser ajudar alguém a perder peso antes do seu casamento, deve evitar vender produtos que façam dinheiro.

Como pode inscrever-se num programa de afiliação?

Quase sempre, todos os produtos serão afiliados a um programa de afiliados. A Amazon é muito provavelmente o melhor local para encontrar programas de afiliação para coisas reais. Eles oferecem um programa de comissões excepcional.

A Amazon atende aos seus afiliados e fornece inúmeros recursos para o ajudar a começar. Normalmente, os seus programas de afiliados oferecem comissões que variam entre 50 a 75%. ClickBank é a sua melhor opção se pretende vender um e-produto. No entanto, descobri algumas maçãs podres neste website.

Depois de ter determinado o tópico, as palavras-chave, o produto, e o programa de afiliados, terá de determinar a abordagem. Começando, o marketing de artigos é a melhor estratégia. Basta estabelecer uma lente Squidoo ou página de aterragem relevante para o seu produto e carregar artigos relevantes. Esta abordagem de marketing de afiliação pode ser lenta e demorada, mas é gratuita e vale bem o esforço para os iniciantes.

Pode experimentar a publicidade Pay-Per-Click em websites como Google Adwords, Yahoo Search Marketing, e MSN AdCenter se acreditar que é mais avançado do que o comerciante médio. Pode ganhar prémios muito mais rapidamente se organizar correctamente as suas campanhas. No entanto, o perigo é substancialmente maior e pode ser extremamente dispendioso se não tiver experiência.

Onde posso encontrar mais informações sobre Marketing de Afiliados?

Seja através de marketing de artigos ou publicidade pay-per-click, o marketing de afiliação pode ser lucrativo se executado eficazmente. Encontrar sites que o informem sobre o negócio por detrás do marketing de afiliação é a maior abordagem para gerar dinheiro neste campo.

Websites como o Wealthy Affiliate e Bum Marketing Methods são recursos maravilhosos se quiser estudar as entradas e saídas do negócio. Portanto, quer seja um estudante universitário ou à procura de rendimentos extra, o Marketing de Afiliados é um negócio que deve investigar mais.

23. GOOGLE ADSENSE.

Já alguma vez se perguntou de onde vêm esses pequenos anúncios em sítios Web? Estes anúncios fazem parte de um programa Google chamado AdSense. Parecem rastreá-lo onde quer que vá na Internet e sabem o que procura.

Esta ferramenta permite a qualquer website ou blogue gerar receitas através de anúncios. Esta é uma das formas mais simples de os estudantes universitários ganharem dinheiro online, mesmo que possa parecer complicado.

Se for como a maioria dos utilizadores da Internet, os anúncios em pop-up e banners são facilmente perturbadores. Parecem destruir completamente a experiência da web. O Google AdSense supera os banners publicitários padrão. Procura automaticamente o seu website ou blogue e encontra anúncios adequados com base na pergunta de pesquisa do visitante. Os anúncios são mais pequenos, menos intimidantes, e significativamente mais eficazes com menos área.

Então, pode perguntar-se, o que significa isto para um estudante? Com o início do século XXI, a entrega de materiais e trabalhos de curso tornou-se significativamente mais informatizada.

Com o uso crescente de ambientes de aulas virtuais, a construção de um website ou blog evoluiu de um passatempo para uma necessidade importante. Os estudantes podem facilmente ganhar dinheiro acrescentando anúncios nos seus sítios Web.

Desde a viragem do século, o desenvolvimento de sítios web tornou-se significativamente mais difundido. Todos os dias, são desenvolvidos sítios Web com milhões de temas e capacidades distintas.

Não se preocupe se não tiver dinheiro para o alojamento. Não há problema se tiver os $10 a $20 por mês para o alojamento mas faltar-lhe-ão competências de design. Há outros sites de alojamento gratuitos disponíveis, como synthasite.com e weebly.com.

Todos adoram blogs de opinião; pode escrever sobre literalmente qualquer coisa! A maioria dos sítios de alojamento oferece assistentes de design para simplificar o processo de criação ou, na pior situação, não tem nada sobre o que escrever. Não há problema. Basta construir um blog de opinião usando uma plataforma como blogger.com.

Para começar a ganhar dinheiro com o seu website, visite o Google e localize os seus programas de Publicidade na parte inferior do seu website. Escolha o programa AdSense e adicione o seu website e informações pessoais, e está acabado.

O Google AdSense torna simples a selecção dos tipos de anúncios que deseja exibir e fornece muitos tutoriais sobre como implementá-los no seu website. Uma vez terminada a colocação dos anúncios no seu website, pode sentar-se e ver o dinheiro a entrar.

Deve evitar clicar nos seus anúncios. Embora isto possa parecer inofensivo, a Google considera-o "fraude por clique" e provavelmente exclui-lo-á do seu programa AdSense. A Google é excepcionalmente hábil em detectar este esquema, por isso, ser apanhado é inevitável.

Tente gerar tráfego livre para o seu website com serviços de bookmarking como Stumble e del.icio.us. Assim que as pessoas visitarem o seu website, deverá começar a reparar nos resultados do seu trabalho.

O Google paga no final de cada mês, pelo que será pago quando o saldo da sua conta atingir $100. O Google prefere o depósito directo através de transferência electrónica de fundos, mas terá todo o prazer em enviar um cheque.

AdSense pode proporcionar a um estudante universitário faminto um rendimento constante em part-time, apesar da incapacidade do programa de gerar um rendimento substancial. AdSense é inquestionavelmente uma das melhores formas de ganhar dinheiro online se for criativo e estiver disposto a fazer algum esforço.

24. TRANSCRITIVISTAS DOMICILIÁRIOS.

Trabalhar como transcricionista a partir de casa pode ser bastante gratificante. Pode trabalhar ao seu melhor ritmo em tarefas que são ao mesmo tempo vitais e adaptáveis às suas necessidades. Pode trabalhar como transcricionista médico, para além de várias outras indústrias.

Os empregadores de transcritivistas procuram alguém com horários diferentes. Os estudantes universitários estão muitas vezes bastante ocupados com os seus estudos. Isto deixa pouco tempo para uma carreira convencional a trabalhar num restaurante. Além disso, trabalhar a partir de casa como estudante universitário é uma excelente opção.

Uma vez iniciada a sua procura por um cargo de transcricionista, descobrirá frequentemente que as empresas querem avaliar as suas capacidades de escrita. Ocasionalmente, isto exigirá exemplos de escrita ou um período de formação.

Enquanto muitos cargos de transcrição médica exigem experiência numa especialidade médica, muitos outros cargos de transcrição não exigem. Pode trabalhar como transcricionista legal ou como transcricionista freelancer.

Como transcricionista, recebe um pacote de gravações áudio que deve transcrever no formato especificado pela sua empresa. Este é um procedimento simples na maioria dos casos, e pode realizar o seu trabalho com relativa facilidade. No entanto, trabalhar como transcricionista não é um método para se tornar rico rapidamente.

Considere tornar-se um transcritivista domiciliário se é um estudante universitário que precisa de uma forma fácil de ganhar dinheiro para ajudar a pagar as suas despesas de entretenimento. É maravilhoso trabalhar mais algumas horas todas as semanas como transcritivista para ganhar dinheiro extra para despesas.

Experimente o que fiz se precisar de dinheiro imediatamente ou dentro de uma hora. Estou a gerar mais dinheiro hoje do que no meu negócio anterior, e você também pode: clique no link abaixo para ler a incrível e genuína história. Suspeitei durante apenas dez segundos após a minha entrada, antes de saber o que era isto. Também estará a ser teletransportado de orelha a orelha, uma vez que eu estava.

25. BARTENDING.

É essencial perceber que o barending, embora benéfico para o seu estilo de vida estudantil e conta financeira, não é tão simples como alguns acreditam. Antes de decidir se um trabalho a tempo parcial no negócio é adequado para si, considere o tipo de trabalho, ser-lhe-á pedido que o realize.

Dependendo do estabelecimento, trabalhar atrás do bar pode ser bastante tributário. Um fluxo constante de clientes entrará no estabelecimento, e cada um exigirá um serviço imediato. Quanto mais clientes houver, mais bebidas terá de preparar de imediato, e mais provável é que os consumidores se tornem irritados se as suas encomendas forem incorrectamente preenchidas.

Um benefício é que nunca ficará aborrecido. Ao contrário de trabalhar numa loja de retalho, não lhe será exigido que desempenhe repetidamente a mesma tarefa. No entanto, será apressado a sair de pé! Alguns indivíduos florescem neste ambiente, enquanto outros não.

Manter os clientes satisfeitos será uma ênfase máxima. Quanto maior for a satisfação dos seus consumidores, tanto mais inclinados estarão a dar-lhe gorjetas. Pode ganhar um salário decente, mas a maioria das suas gorjetas virá de gorjetas.

Devido a um ambiente ocupado, nem sempre pode conversar com os clientes, mas tratar de tudo à sua volta, mantendo-se cortês e oferecendo "serviço com um sorriso", irá longe demais.

Uma segunda faceta do barending que muitos indivíduos ignoram não tem nada a ver com os consumidores. Colocar várias pessoas numa atmosfera stressante onde têm de confiar umas nas outras para completar uma tarefa pode resultar em muitos conflitos de personalidade. Os colegas de trabalho podem, por vezes, ser a fonte do maior stress.

Deve aprender a não levar as declarações a peito quando alguém está preocupado e se atira a si. Deve também evitar micromanejar as pessoas e ficar excessivamente perturbado quando alguém com maior experiência lhe pede para cumprir uma tarefa.

Depois de compreender a realidade do bartending, pode candidatar-se a um emprego sabendo o que esperar, até certo ponto. O trabalho de bar não é simples, mas é gratificante. A maioria dos estudantes universitários que trabalharam em bares consideram a experiência como a mais agradável que já tiveram. Alguns gostam tanto que permanecem e avançam para outras posições no ramo hoteleiro.

26. PARTICIPAÇÃO EM ESTÁGIOS OU APRENDIZAGENS REMUNERADOS.

Pode ser difícil fazer malabarismos com cursos, actividades extracurriculares e um trabalho a tempo parcial como estudante universitário. No entanto, encontrar formas de ganhar dinheiro enquanto ainda está na escola pode ser essencial para cobrir contas e obter experiência de trabalho útil. Participar em estágios ou aprendizagens remuneradas é uma forma de os estudantes universitários ganharem dinheiro.

Estágios e aprendizados remunerados permitem aos estudantes universitários obter experiência prática numa determinada profissão enquanto ganham um salário ou uma bolsa. Estes programas podem ser uma excelente oportunidade para melhorar o seu currículo, trabalhar em rede com profissionais, e possivelmente obter uma posição a tempo inteiro após a graduação.

A participação em estágios e aprendizagens remunerados como estudante universitário tem várias vantagens. Alguns dos benefícios importantes incluem o seguinte:

Estágios e aprendizagens remunerados permitem aos estudantes universitários uma experiência profissional significativa numa determinada indústria. Isto pode impulsionar o seu currículo e aumentar as suas hipóteses de conseguir uma posição a tempo inteiro após a graduação.

Estágios e estágios remunerados permitem aos estudantes universitários fazer um salário ou um subsídio em vez de estágios não remunerados. Isto pode ser útil para cobrir as propinas, o aluguer e outras despesas.

Estágios e estágios remunerados permitem-lhe conhecer e colaborar com especialistas da sua indústria, permitindo-lhe expandir a sua rede profissional. Esta é uma forma rápida de expandir a sua rede profissional e desenvolver ligações que podem levar a futuras oportunidades de emprego.

Estágios e aprendizagens pagos podem ajudar no desenvolvimento de novas competências e na melhoria das já existentes. Isto pode ser especialmente útil para estudantes que estejam indecisos sobre a sua escolha de carreira ou que desejem mudar de campo.

Os estágios e aprendizados remunerados resultam muitas vezes em oportunidades de emprego a tempo inteiro após a graduação. A participação nestes programas permite-lhe obter acesso a potenciais empregadores e criar uma impressão positiva sobre os mesmos.

Como Encontrar Estágios e Estágios Pagos e Candidatar-se a eles:

Antes de procurar estágios e aprendizagens remunerados, deve definir os seus interesses e objectivos de carreira. Isto permitir-lhe-á reduzir as suas selecções e concentrar-se em perspectivas que correspondam aos seus objectivos.

Investigue os programas disponíveis: Existem muitos websites para ajudar os estudantes universitários na localização de estágios e estágios remunerados. Algumas alternativas incluem:

Muitas escolas e universidades têm centros de carreira que fornecem aos estudantes que procuram estágios e aprendizes informações e apoio. Estes centros têm frequentemente listas de programas disponíveis e podem fornecer assistência na candidatura.

Muitas organizações profissionais oferecem oportunidades de estágio e de aprendizagem para estudantes universitários. As organizações de investigação na sua área podem levar a oportunidades não divulgadas.

Vários fóruns de emprego na Internet apresentam estágios e aprendizagens que pagam. De facto, o LinkedIn e o InternMatch são exemplos de possibilidades populares.

Prepare o seu material de candidatura. É vital preparar o seu material de candidatura depois de ter descoberto possíveis programas de estágio ou de aprendizagem. Isto normalmente consiste num currículo, carta de apresentação e outros materiais exigidos pelo programa. Assegure-se de que a sua candidatura é adaptada ao programa e que mostra as suas competências e experiências relevantes.

É aconselhável submeter candidaturas a muitos estágios e aprendizes pagos para maximizar as suas hipóteses de aceitação. Certifique-se de que lê atentamente os requisitos da candidatura e submete todo o material necessário.

Após submeter a sua candidatura, deverá contactar o programa para se informar sobre o estado da sua candidatura. Isto poderá demonstrar o seu interesse e compromisso com a oportunidade.

Maximizar a sua Experiência de Estágio ou Aprendizagem Paga:

Deve maximizar a oportunidade uma vez aceite num estágio remunerado ou de aprendizagem. Aqui estão algumas dicas para o sucesso:

Como em qualquer posição, é essencial ser pontual e fiável. A pontualidade e o cumprimento das obrigações indicam o seu profissionalismo e devoção ao programa.

Não tenha medo de tomar a iniciativa e de pedir informações. Isto pode demonstrar o seu zelo pela aprendizagem e vontade de percorrer a milha extra.

Estágios e aprendizagens pagas permitem-lhe trabalhar em rede e desenvolver relações com pessoas da sua área. Tire o máximo partido desta oportunidade através do trabalho em rede e da construção de relações.

Tantos conhecimentos quanto possível: Lembre-se que o principal objectivo dos estágios e aprendizagens remunerados é adquirir experiência e competências importantes. Estar tão aberto à aprendizagem quanto possível e aceitar tarefas e responsabilidades desafiantes.

Estágios e aprendizagens remunerados podem ser um excelente método para os estudantes universitários ganharem dinheiro enquanto obtêm experiência profissional essencial e constroem as suas redes profissionais.

Seguindo os métodos explicados nesta secção, os estudantes universitários podem localizar estágios e aprendizes remunerados, candidatar-se a eles e aproveitar ao máximo a oportunidade após a sua aprovação.

Estágios e estágios remunerados podem ser um investimento maravilhoso no seu futuro, quer esteja a tentar explorar um potencial percurso profissional ou a aprender competências práticas.

27. EMPREGOS FREELANCE E DE ECONOMIA GIGANTE.

O trabalho freelance e os espectáculos de economia podem ser grandes escolhas para os estudantes universitários que procuram ganhar dinheiro rapidamente. Estes tipos de emprego dão flexibilidade e a oportunidade de trabalhar em diferentes projectos ou tarefas, muitas vezes temporariamente.

Uma das regalias do trabalho freelance e do emprego em economia gig é que podem ser completados de forma flexível. Tipicamente apela aos estudantes universitários com outras obrigações, tais como aulas e extracurriculares. Além disso, muitos trabalhos freelance e de gig economy podem ser realizados remotamente, tornando-os ideais para estudantes universitários que não desejam deslocar-se para empregos tradicionais.

A edição, escrita, gestão de meios de comunicação social e design gráfico estão entre as muitas profissões freelancer e de economia gig. Pode obter emprego freelance na sua disciplina de estudo ou interesse se possuir um talento ou especialidade particular.

A utilização de sites na Internet tais como Upwork, Fiverr e Freelancer é uma abordagem para descobrir trabalho freelance e empregos de economia gig. Estes sites ligam os freelancers a clientes que procuram diferentes serviços, permitindo-lhe concorrer ou candidatar-se a tarefas que correspondam ao seu conjunto de competências e disponibilidade.

O trabalho em rede com indivíduos ou empresas na sua área de interesse é outra alternativa para localizar empregos freelance e empregos de economia gig. Pode obter emprego contactando professores ou profissionais na sua área ou juntando-se a organizações profissionais ou grupos de trabalho em rede.

Pode também descobrir empregos freelance e de economia gigante através do centro de carreiras da sua escola, listas de empregos, Internet, e redes de contactos. Muitas faculdades têm recursos para ajudar os estudantes a encontrar empregos freelance e de economia gigante, e podem ser capazes de o ligar a possíveis clientes e empregadores.

O trabalho freelance e empregos de economia gigante podem ser excelentes alternativas para estudantes universitários que procuram um rendimento flexível e rápido. Quer tenha uma certa capacidade ou conhecimento ou deseje experimentar a sua mão em diferentes projectos e tarefas, muitas opções estão disponíveis para acomodar uma vasta gama de interesses e conhecimentos.

Quando se trata de trabalhos freelance e de economia gigante, pesar os possíveis riscos e benefícios de cada oportunidade é essencial. Embora estes empregos possam proporcionar flexibilidade e a oportunidade de trabalhar em diferentes projectos, também podem proporcionar obstáculos.

Por exemplo, os empregos freelance e de economia gig gig podem não proporcionar a mesma segurança ou benefícios que os empregos tradicionais, tais como seguros de saúde ou planos de reforma. É essencial investigar minuciosamente os termos e condições de qualquer oportunidade e estar atento aos potenciais perigos e obstáculos.

Além disso, os empregos freelance e as profissões de economia gigante requerem frequentemente a gestão dos impostos e fundos. Isto pode envolver manter um registo das suas receitas e despesas e poupar dinheiro para impostos. É aconselhável familiarizar-se com as regras e regulamentos fiscais relacionados com o trabalho freelance e empregos de economia gigante e consultar um especialista em impostos se tiver alguma dúvida.

Outra dificuldade dos empregos de freelance e de economia gigante é a necessidade de procurar continuamente novas oportunidades. Para manter um rendimento regular, pode ser-lhe exigido que procure constantemente novos clientes ou projectos. Isto pode exigir que seja proactivo na venda das suas competências e serviços, o que pode consumir muito tempo.

Apesar destes obstáculos, empregos freelance e de economia gigante podem ser excelentes escolhas para estudantes universitários que procuram rendimentos flexíveis e rápidos. Quer tenha uma certa capacidade ou conhecimento ou queira experimentar a sua mão em diferentes projectos e tarefas, muitas opções estão disponíveis para acomodar uma vasta gama de interesses e conhecimentos.

Para maximizar as suas hipóteses de sucesso em trabalhos freelance e de economia gigante, é essencial ser digno de confiança e profissional. Isto pode envolver o estabelecimento de expectativas claras dos clientes, o cumprimento de prazos, e a produção de trabalho de alta qualidade.

Ao estabelecer uma reputação de freelancer ou gig worker qualificado e de confiança, pode aumentar as suas hipóteses de assegurar novas oportunidades e estabelecer uma carreira de freelancer ou gig worker de sucesso.

O trabalho freelance e os empregos de gig economy podem ser excelentes alternativas para estudantes universitários que procuram um rendimento flexível e rápido. Embora este tipo de trabalho possa apresentar problemas, também pode proporcionar oportunidades para construir competências e adquirir experiência útil. Pode aumentar as suas oportunidades de sucesso no trabalho freelance e em empregos de economia gig, ponderando cuidadosamente os possíveis riscos e benefícios e sendo profissional e fiável.

CAPÍTULO 2: PASSOS PARA COMEÇAR A GANHAR DINHEIRO RÁPIDO.

Na desgraçada economia actual, muitos estudantes universitários lutam para sobreviver devido ao aumento das propinas e das despesas totais de subsistência. Não é segredo que muitos procuram soluções rápidas e simples para ganhar mais rendimento. Eu sei que os estudantes universitários estão tipicamente no topo desta classificação.

Neste capítulo, discutirei uma abordagem relaxada para ganhar dinheiro rápido que qualquer pessoa, especialmente estudantes universitários, pode aplicar. Isto pode ser utilizado para ganhar milhares de dólares por mês. Devo notar que a estratégia que estou prestes a descrever pode ser utilizada para ganhar muito mais do que alguns dólares extra.

Vamos iniciar imediatamente este procedimento. A beleza desta situação é que não vamos vender nada. O que vamos fazer é gerar pistas para as empresas. Seremos compensados por cada chumbo que enviarmos a estas empresas. Ganharemos dinheiro, pedindo a outros que preencham breves formulários solicitando outras informações. É muito simples.

Esta estratégia de marketing é conhecida como marketing CPA (custo por acção). Como foi dito anteriormente, estou ciente de que isto pode parecer bastante simples, no entanto, alguns indivíduos ganham a vida apenas através de ofertas de CPA.

Há muitas oportunidades de CPA intimamente associadas a estudantes universitários. Isto significa que pode haver oportunidades disponíveis para reduzir a dívida de empréstimo a estudantes ou obter bolsas de estudo para ajudar no pagamento de despesas. Como poderiam os estudantes universitários lucrar com isto?

Estas ofertas estão tipicamente associadas a uma elevada taxa de conversão, o que se traduz em receitas substanciais.

A abordagem!

First, you will need to register with a CPA firm. Some firms require you to be approved before promoting their deals, but many more don't. Simply conduct a Google search for "top CPA networks," and you will discover many results.

You can also search for "non-approval CPA networks" or "how to become approved by a CPA network." Believe me, it's not that complicated. Don't be deterred by this basic step.

Once you've established a network, spend some time identifying deals that may appeal to college students. This should only take a few moments. Make sure to examine the compensation and ensure that it is adequate. I would say that anything above $4 will work.

The offer you select will have a lengthy and unsightly tracking link. This connection must be shortened, or in other words, its ugliness must be concealed. There are various ways to accomplish this, but to save you time and money. I will demonstrate an efficient and cost-free method.

Take your tracking URL to the website bit.ly. Here, you will make your connection shorter and more enticing. You can also modify these links to correspond with the CPA offer.

Create or get a simple flyer to promote the offer. Ensure that it is both basic and engaging. Be sure to add your abbreviated tracking link when designing it. Many free flyer design programs are available online, or you can ask a buddy to create one for you. If everything else fails, you can go to Fiverr's fantastic website and pay $5 to create one.

Step 5: First, print at least 100 flyers. You can use your printer or take the document to a relatively inexpensive printing service.

Step 6 is to carefully distribute these flyers in places where people will see them. An excellent strategy is to wait until class is ended and distribute flyers to every empty desk. Be sure also to display them on campus bulletin boards.

College students can use this strategy to make money with little startup costs and time commitment. There are a plethora of offers you can provide, and many of them have lucrative pay-per-lead rates. There are legitimate ways to make money in the world. Simply take actionEm primeiro lugar, terá de se registar numa firma de CPA. Algumas empresas exigem a sua aprovação antes de promoverem os seus negócios, mas muitas mais não o fazem. Basta fazer uma pesquisa no Google por "redes CPA de topo", e descobrirá muitos resultados.

Pode também pesquisar por "redes CPA sem aprovação" ou "como ser aprovado por uma rede CPA". Acredite em mim, não é assim tão complicado. Não se deixe desencorajar por este passo básico.

Uma vez estabelecida uma rede, passe algum tempo a identificar acordos que possam apelar aos estudantes universitários. Isto deve demorar apenas alguns momentos. Assegure-se de examinar a compensação e de que esta é adequada. Eu diria que qualquer coisa acima de 4 dólares funcionará.

A oferta que seleccionar terá um longo e inestético link de rastreio. Esta ligação deve ser encurtada, ou por outras palavras, a sua fealdade deve ser escondida. Há várias maneiras de o conseguir, mas para lhe poupar tempo e dinheiro. Demonstrarei um método eficiente e sem custos.

Leve o seu URL de localização para o website bit.ly. Aqui, tornará a sua ligação mais curta e mais sedutora. Pode também modificar estas ligações para corresponder à oferta da CPA.

Crie ou obtenha um simples folheto para promover a oferta. Certifique-se de que é ao mesmo tempo básico e cativante. Certifique-se de acrescentar a sua ligação de rastreio abreviada quando a conceber. Muitos programas de desenho de folhetos gratuitos estão disponíveis online, ou pode pedir a um amigo para criar um para si. Se tudo o resto falhar, pode ir ao fantástico website da Fiverr e pagar $5 para criar um.

Passo 5: Primeiro, imprimir pelo menos 100 panfletos. Pode utilizar a sua impressora ou levar o documento a um serviço de impressão relativamente barato.

O passo 6 é distribuir cuidadosamente estes panfletos em locais onde as pessoas os possam ver. Uma excelente estratégia é esperar até ao fim da aula e distribuir panfletos em cada secretária vazia. Certifique-se também de os afixar nos quadros de avisos do campus.

Os estudantes universitários podem usar esta estratégia para ganhar dinheiro com poucos custos de arranque e pouco tempo de dedicação. Há uma pletora de ofertas que pode fornecer, e muitas delas têm taxas lucrativas de pay-per-lead. Existem formas legítimas de ganhar dinheiro no mundo. Basta tomar medidas.

CONCLUSÃO.

Para além das escolhas listadas e explicadas anteriormente, tais como empregos a tempo parcial no campus e trabalho freelance, os estudantes universitários têm mais oportunidades de ganhar dinheiro rapidamente.

Por exemplo, vender produtos ou serviços online é uma forma fantástica de converter os seus interesses ou competências em receitas. Criar uma loja online para vender coisas artesanais ou únicas ou dar os seus serviços como tutor, escritor ou designer pode ser suficiente.

A participação em inquéritos pagos e grupos focais é uma segunda alternativa para estudantes universitários. Como estudante universitário, pode participar nestas oportunidades de ganhar dinheiro extra, uma vez que muitas empresas estão ansiosas por pagar pelos pensamentos e insights dos clientes.

Alugar um quarto ou propriedade na Airbnb é outra alternativa para os estudantes universitários que procuram dinheiro rápido. Se tiver um quarto vago em sua casa ou algum imóvel, não o utiliza com frequência. Poderá ganhar dinheiro extra alugando-o a viajantes. Esta pode ser uma excelente forma de compensar o aluguer e outras despesas.

A participação em ensaios clínicos para compensação é outra opção para estudantes universitários que procuram ganhar dinheiro rapidamente. Estes ensaios procuram principalmente indivíduos saudáveis para participar na investigação médica e normalmente compensam o seu tempo.

Antes de se comprometer com um ensaio clínico, é essencial ser informado dos perigos envolvidos e empreender uma pesquisa exaustiva sobre a empresa ou organização que realiza o ensaio.

Por último, os estudantes universitários podem ganhar rapidamente dinheiro com a tutoria ou a instrução de outros. Pode oferecer os seus serviços como tutor ou instrutor se se especializar numa área específica ou se possuir uma competência que possa ensinar aos outros. Esta pode ser uma forma rápida de ganhar dinheiro extra ao mesmo tempo que ajuda os outros no seu desenvolvimento pessoal.

Há muitas opções para que os estudantes universitários ganhem dinheiro rapidamente. Quer esteja à procura de emprego a tempo parcial no campus, da oportunidade de trabalhar por conta própria, ou da oportunidade de vender bens ou serviços online, há diferentes possibilidades disponíveis para corresponder aos seus interesses e competências.

Espero que este livro tenha fornecido informações úteis e motivação ao considerar as suas possibilidades de ganhar dinheiro extra como estudante universitário.

Habilidades de Gestão para Gestores.

1. Gestão do Tempo para Gestores
2. Coaching de Gestores para Empregados
3. Formação de Equipas para Gestores
4. Autoconfiança para os Gestores
5. Habilidades de Negociação para Gestores
6. Habilidades de Serviço ao Cliente para Gestores
7. Assertividade para os Gestores
8. Etiqueta Empresarial para Gestores
9. Habilidades de Audição para Gestores
10. Habilidades de Liderança para Gestores
11. Habilidades de Comunicação para Gestores
12. Habilidades de Apresentação para Gestores
13. Gestão de Stress para Gestores
14. Tomada de decisões para os Gestores
15. Gestão de Conflitos para Gestores.

Série: Liberdade financeira em qualquer idade.

- ➢ Alcançar a liberdade financeira na casa dos 20
- ➢ Alcançar a liberdade financeira na casa dos 30
- ➢ Alcançar a liberdade financeira na casa dos 40
- ➢ Alcançar a liberdade financeira na casa dos 50
- ➢ Alcançar a liberdade financeira na década de 60
- ➢ Alcançar a Liberdade Financeira na década de 70 e mais além.
- ➢ Alcançar a Liberdade Financeira nas crianças
- ➢ Alcançar a liberdade financeira nos adolescentes
- ➢ Alcançar a Liberdade Financeira nos estudantes universitários.

➢ Esquemas financeiros a ter em conta na reforma.

Série: Finanças pessoais para si.
➢ Compra e Venda de Cripto para Principiantes
➢ Porque Investir em Acções de Dividendos Faz Sentido.

Série: Riqueza 2022.

➢ Empreendedorismo Online.
➢ Iniciar o seu próprio negócio
➢ Gestão da Riqueza
➢ Rendimento Passivo.
➢ 12 Passos para iniciar o seu próprio negócio.

Série: Excelente Serviço ao Cliente.
➢ Excelente serviço ao cliente no retalho
➢ Excelente Serviço ao Cliente em Fast Food
➢ Excelente serviço ao cliente no Restaurante Full-Service
➢ Excelente Serviço ao Cliente no Ensino.
➢ Excelente Serviço de Apoio ao Cliente em Imobiliário
➢ Excelente serviço ao cliente num Call Center

- Excelente Serviço de Atendimento ao Cliente como Recepcionista
- Excelente Serviço de Atendimento ao Cliente num Hotel
- Excelente Serviço ao Cliente na Venda
- Excelente serviço ao cliente Não importa a situação.
- Excelente Serviço ao Cliente no Consultório Dentário
- Excelente Serviço ao Cliente no Consultório Médico.

Série: Dinheiro rápido.

- Dinheiro rápido numa semana
- Dinheiro rápido num fim-de-semana
- Dinheiro rápido num mês
- Dinheiro rápido para estudantes.

Série: Como Promover.

- Como promover o seu livro de receitas
- Como promover o seu livro infantil.

Outros livros de D.K. Hawkins.

- Como fazer o seu negócio prosperar durante uma recessão
- Criação de Valor Excedente para os Clientes

- Reconhecimento de oportunidades para aumentar o fluxo de caixa.

Autor Bio

D.K. Hawkins. D.K. gosta de ler livros pessoais de negócios, bem como de passar tempo ao ar livre. Mais livros virão nesta colecção, por isso, por favor siga na Amazon para mais livros.

Obrigado pela sua compra deste livro.

Sinceramente, aprecio-o e aprecio-o a si, meu excelente cliente.

Deus vos abençoe.

D.K. Hawkins.

www.ingramcontent.com/pod-product-compliance
Lightning Source LLC
Chambersburg PA
CBHW050007230526
45465CB00003BB/1303